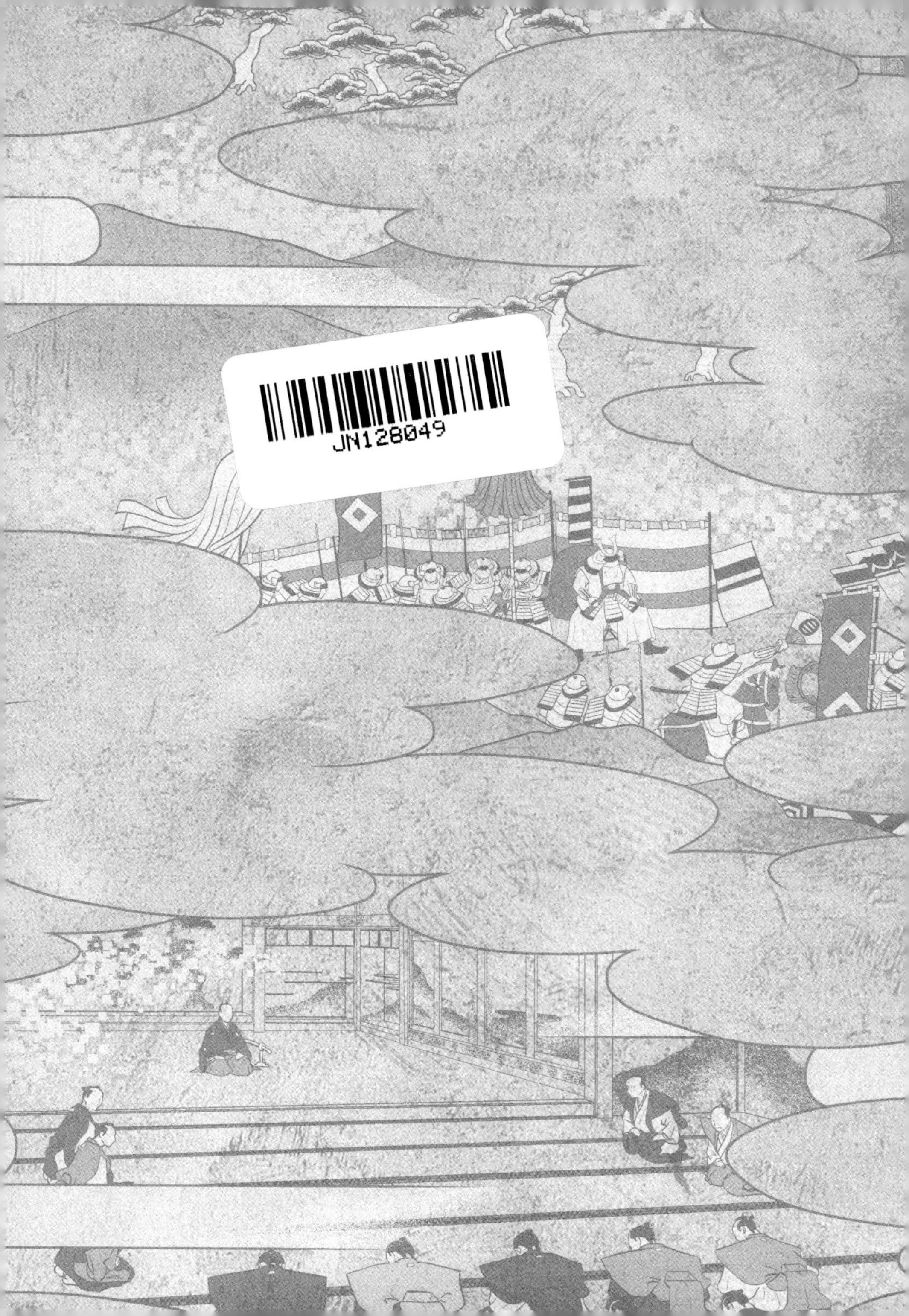

コミック版 日本の歴史66

戦国人物伝 大谷吉継

The Legendary Heroes of the Era of Wars
Yoshitsugu Otani

企画・構成・監修：加来耕三
原作：後藤ひろみ
作画：玉置一平

《おもな登場人物《とうじょうじんぶつ》》

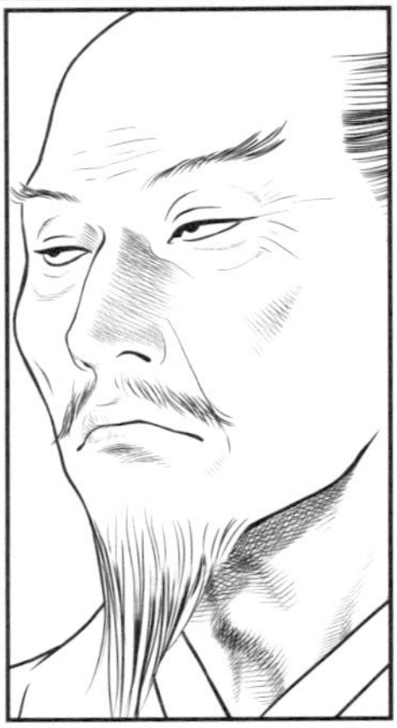

豊臣《とよとみ》（羽柴《はしば》）秀吉《ひでよし》

吉継《よしつぐ》の主君《しゅくん》。百姓《ひゃくしょう》から身《み》を起《お》こし、織田信長《おだのぶなが》に仕《つか》えて出世《しゅっせ》する。本能寺《ほんのうじ》の変《へん》で信長《のぶなが》が明智光秀《あけちみつひで》に暗殺《あんさつ》されると、すぐに光《みつ》秀《ひで》を討《う》ち、全国各地《ぜんこくかくち》を平《へい》定《てい》して、ついには天下人《てんかびと》となる。晩年《ばんねん》は明《みん》や朝鮮《ちょうせん》の征服《せいふく》をもくろむ。

石田三成《いしだみつなり》

豊臣秀吉《とよとみひでよし》の家臣《かしん》。少年《しょうねん》時代《じだい》から吉継《よしつぐ》とともに秀吉《ひでよし》に仕《つか》えた友人同士《ゆうじんどうし》。あまり人望《じんぼう》がなく、敵《てき》も多《おお》い。秀吉《ひでよし》の死後《しご》、豊《とよ》臣《とみ》家に代《か》わって天下《てんか》をねらう徳川家康《とくがわいえやす》と対立《たいりつ》し、関ヶ原《せきがはら》での決戦《けっせん》を決意《けつい》する。

東殿《ひがしどの》

吉継《よしつぐ》の母《はは》。東殿《ひがしどの》が秀吉《ひでよし》の正妻《せいさい》・おねに仕《つか》えたため、吉継《よしつぐ》も秀吉《ひでよし》に仕《つか》えることになる。

正覚院豪盛《しょうかくいんごうせい》

比叡山《ひえいざん》の僧《そう》で、吉継《よしつぐ》の師《し》。吉継《よしつぐ》とともに、信長《のぶなが》の比叡山《ひえいざん》焼《や》き討《う》ちから逃《のが》れる。

大谷吉継《おおたによしつぐ》

少年《しょうねん》のころから羽柴《はしば》（のち豊臣《とよとみ》）秀吉《ひでよし》に仕《つか》える。幼名《ようみょう》は慶松《けいまつ》。竹中半兵衛《たけなかはんべえ》や黒田官兵衛《くろだかんべえ》に軍略《ぐんりゃく》を学《まな》ぶ。秀吉《ひでよし》が天下人《てんかびと》になってからは、豊臣政権《とよとみせいけん》の重臣《じゅうしん》となるが、重《おも》い病《やまい》を患《わずら》う。徳川家康《とくがわいえやす》とも親《した》しかったが、秀吉《ひでよし》の死後《しご》におこった関ヶ原《せきがはら》の合戦《かっせん》では、友情《ゆうじょう》を重《おも》んじて石田三成《いしだみつなり》に味方《みかた》する。

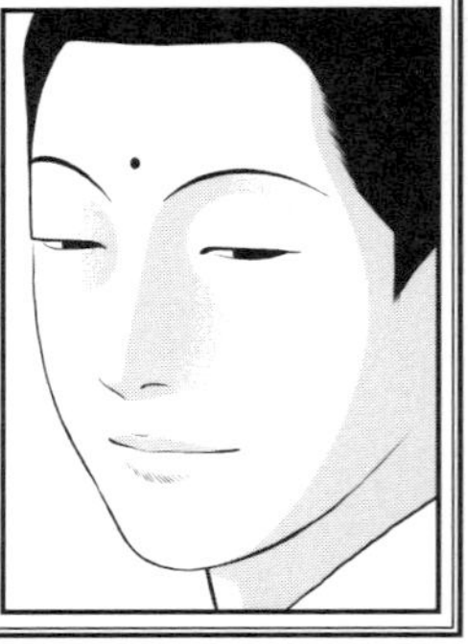

竹中半兵衛《たけなかはんべえ》

羽柴秀吉《はしばひでよし》の軍師《ぐんし》。少年《しょうねん》の吉継《よしつぐ》に軍略《ぐんりゃく》を教《おし》える。黒田官兵衛《くろだかんべえ》の息子《むすこ》・松《しょう》寿丸《じゅまる》を、信長《のぶなが》の命《めい》に背《そむ》いてかくまったのち、病《びょう》死《し》する。

黒田官兵衛《くろだかんべえ》

播磨国《はりまのくに》の小大名《しょうだいみょう》・小寺《こでら》氏《し》の家老《かろう》だったが、織《お》田信長《だのぶなが》に臣従《しんじゅう》し、秀吉《ひでよし》配下《はいか》となる。死去《しきょ》した竹中半兵衛《たけなかはんべえ》に代《か》わり、吉《よし》継《つぐ》を教育《きょういく》する。

加藤清正《かとうきよまさ》

秀吉《ひでよし》の家臣《かしん》。吉継《よしつぐ》や三《みつ》成《なり》よりやや先《さき》に秀吉《ひでよし》に仕《つか》える。三成《みつなり》とは仲《なか》が悪《わる》い。関ヶ原《せきがはら》の合戦《かっせん》では徳川家康側《とくがわいえやすがわ》につく。

福島正則《ふくしままさのり》

秀吉《ひでよし》の家臣《かしん》。清正《きよまさ》と同《どう》様《よう》に幼少《ようしょう》から秀吉《ひでよし》に仕《つか》える。やはり三成《みつなり》と対《たい》立《りつ》し、関ヶ原《せきがはら》の合戦《かっせん》では徳川家康側《とくがわいえやすがわ》につく。

小早川秀秋《こばやかわひであき》

秀吉《ひでよし》の養子《ようし》だったが、秀《ひで》吉《よし》に実子《じっし》が生《う》まれると小早川家《こばやかわけ》に養子《ようし》に出《だ》される。関ヶ原《せきがはら》の合戦《かっせん》では最初《さいしょ》、三成側《みつなりがわ》で参戦《さんせん》。

徳川家康《とくがわいえやす》

三河国《みかわのくに》の戦国大名《せんごくだいみょう》。織《お》田信長《だのぶなが》の同盟者《どうめいしゃ》だったが、信長《のぶなが》の死後《しご》は豊臣《とよとみ》秀吉《ひでよし》に仕《つか》え、豊臣政権《とよとみせいけん》五大老《ごたいろう》の一人《ひとり》となる。吉継《よしつぐ》の武将《ぶしょう》としての才《さい》を買《か》っている。秀吉《ひでよし》の死後《しご》は三成《みつなり》と対立《たいりつ》し、関ヶ原《せきがはら》の合戦《かっせん》で対決《たいけつ》。

織田信長《おだのぶなが》

羽柴秀吉《はしばひでよし》の主君《しゅくん》である戦国大名《せんごくだいみょう》。有力大名《ゆうりょくだいみょう》を打《う》ち破《やぶ》り、敵対勢力《てきたいせいりょく》を破壊《はかい》して天下統一《てんかとういつ》を進《すす》めるが、本能寺《ほんのうじ》の変《へん》で明智光秀《あけちみつひで》に討《う》たれる。

平塚為広《ひらつかためひろ》

豊臣家《とよとみけ》に仕《つか》える戦国大《せんごくだい》名《みょう》。関ヶ原《せきがはら》の合戦《かっせん》では、吉継《よしつぐ》とともに三成側《みつなりがわ》として戦《たたか》う。

湯浅五助《ゆあさごすけ》

大谷吉継《おおたによしつぐ》の家臣《かしん》。関ヶ《せきが》原《はら》の合戦《かっせん》で破《やぶ》れ切腹《せっぷく》した吉継《よしつぐ》を介錯《かいしゃく》し、その首《くび》を隠《かく》す。

藤堂高刑《とうどうたかのり》

徳川家康側《とくがわいえやすがわ》の武将《ぶしょう》・藤《とう》堂高虎《どうたかとら》の甥《おい》。関ヶ原《せきがはら》で湯浅五助《ゆあさごすけ》と、命《いのち》を懸《か》けた約束《やくそく》をする。

黒田長政《くろだながまさ》（松寿丸《しょうじゅまる》）

黒田官兵衛《くろだかんべえ》の嫡男《ちゃくなん》で、官《かん》兵衛《べえ》隠居後《いんきょご》は秀吉《ひでよし》の武《ぶ》将《しょう》となる。吉継《よしつぐ》とは親《した》しかったが、三成《みつなり》と対《たい》立《りつ》し、関ヶ原《せきがはら》の合戦《かっせん》では徳川家康《とくがわいえやす》の側《がわ》につく。

コミック版《ばん》 日本《にほん》の歴史《れきし》66
戦国人物伝《せんごくじんぶつでん》
大谷吉継《おおたによしつぐ》

もくじ

※この作品《さくひん》は、歴史文献《れきしぶんけん》をもとにまんがとして再構成《さいこうせい》したものです。
※ 本編《ほんぺん》では、人物《じんぶつ》の年齢表記《ねんれいひょうき》はすべて数《かぞ》え年《どし》とします。
※ 本編《ほんぺん》では、人物《じんぶつ》の幼名《ようみょう》など、名前《なまえ》を一部省略《いちぶしょうりゃく》しております。

第一章《だいしょう》　比叡山炎上《ひえいざんえんじょう》

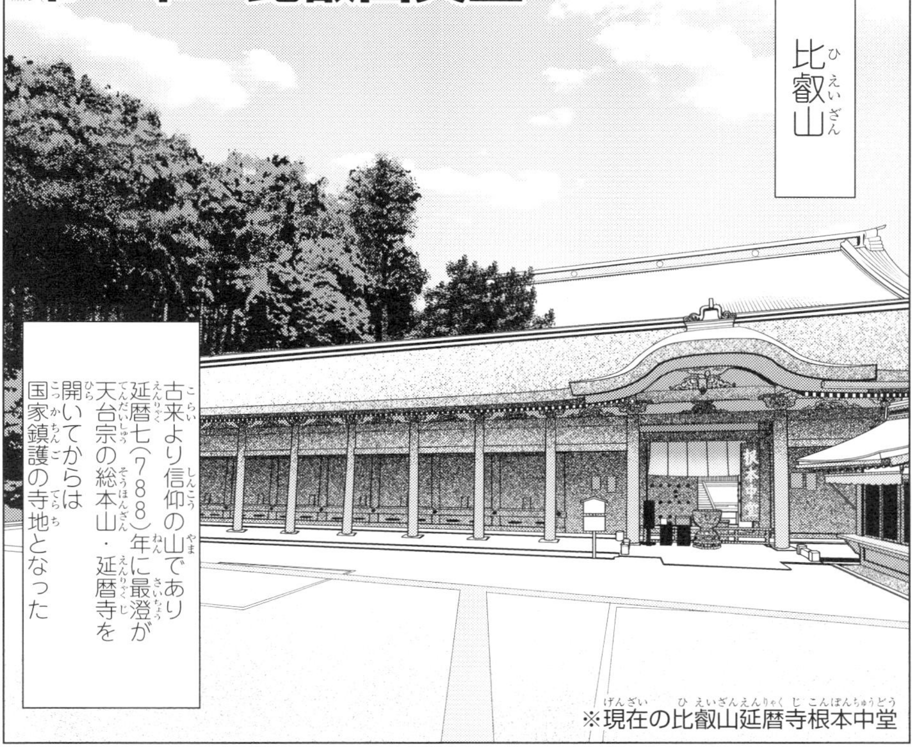
比叡山《ひえいざん》
古来《こらい》より信仰《しんこう》の山《やま》であり
延暦《えんりゃく》七(788)年《ねん》に最澄《さいちょう》が
天台宗《てんだいしゅう》の総本山《そうほんざん》・延暦寺《えんりゃくじ》を
開《ひら》いてからは
国家鎮護《こっかちんご》の寺地《てらち》となった
根本中堂
※現在《げんざい》の比叡山延暦寺根本中堂《ひえいざんえんりゃくじこんぽんちゅうどう》

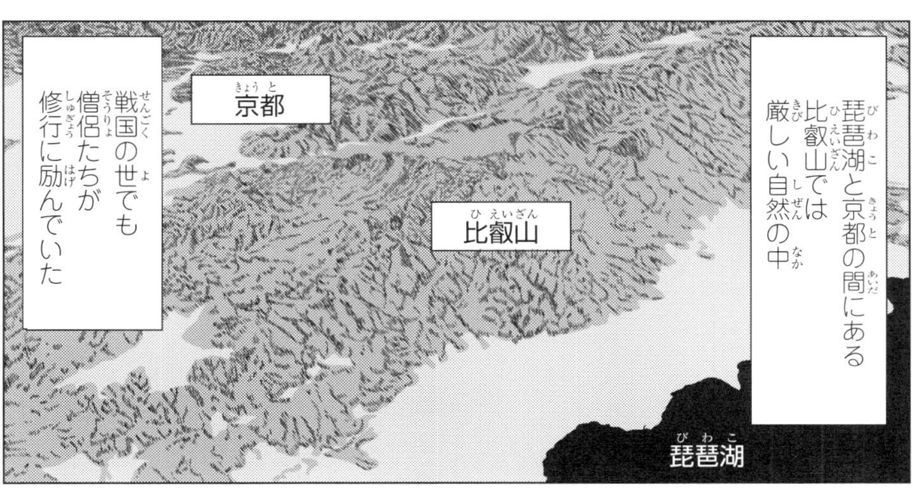
琵琶湖《びわこ》と京都《きょうと》の間《あいだ》にある
比叡山《ひえいざん》では
厳《きび》しい自然《しぜん》の中《なか》
京都《きょうと》
比叡山《ひえいざん》
琵琶湖《びわこ》
戦国《せんごく》の世《よ》でも
僧侶《そうりょ》たちが
修行《しゅぎょう》に励《はげ》んでいた

国家鎮護《こっかちんご》…国《くに》の災《わざわ》いや戦乱《せんらん》をしずめ、平和《へいわ》を守《まも》ること。

根本中堂《こんぽんちゅうどう》…延暦寺《えんりゃくじ》の本堂《ほんどう》。

琵琶湖《びわこ》…現在《げんざい》の滋賀県《しがけん》の中央部《ちゅうおうぶ》にある日本最大《にほんさいだい》の湖《みずうみ》。

伝教大師《でんぎょうだいし》…最澄《さいちょう》の死後《しご》に送《おく》られた名《な》。

栄西《えいさい》…鎌倉時代《かまくらじだい》の僧《そう》で、日本《にほん》の臨済宗《りんざいしゅう》の開祖《かいそ》。

親鸞《しんらん》…鎌倉時代《かまくらじだい》の僧《そう》で、浄土真宗《じょうどしんしゅう》の開祖《かいそ》。

道元《どうげん》…鎌倉時代《かまくらじだい》の僧《そう》で日本《にほん》の曹洞宗《そうとうしゅう》の開祖《かいそ》。

日蓮《にちれん》…鎌倉時代《かまくらじだい》の僧《そう》で、日蓮宗《にちれんしゅう》の開祖《かいそ》。

ワァァァ
ズ
やぁ!!
バ
ッ
エイ!
オー!
エイッ
エイッ
オー!
……
慶松《けいまつ》
そなた 武士《ぶし》に憧《あこが》れているのであろう?
いえ そんな……

越前国《えちぜんのくに》…現在《げんざい》の福井県北部《ふくいけんほくぶ》。
近江《おうみ》…近江国《おうみのくに》。現在《げんざい》の滋賀県《しがけん》。

売僧《まいす》…堕落《だらく》した僧《そう》。僧《そう》でありながら、商売《しょうばい》をするなど仏法《ぶっぽう》に背《そむ》いた者《もの》。

織田信長《おだのぶなが》は
比叡山《ひえいざん》焼《や》き討《う》ちを
実行《じっこう》した

パチッ

僧坊《そうぼう》…寺院内《じいんない》にある僧《そう》の住《す》む建物《たてもの》。

私《わたくし》に知恵《ちえ》がございます！
……？
ガチャ
ガチャ
ガラァッ

探《さが》せ!
ガチャ
ガチャ
ガチャ
ガチャ
ガチャ
………
もぬけの殻《から》か……
やたらと仏像《ぶつぞう》が多《おお》い寺《てら》だな
………
ふん 仏像《ぶつぞう》も焼《や》いちまえ
!
………
全身《ぜんしん》に墨《すみ》をぬり仏像《ぶつぞう》の間《あいだ》に紛《まぎ》れるのです
この暗《くら》さです相手《あいて》には見《み》えません

何《なに》をしておる
はっ この仏像《ぶつぞう》ごと寺《てら》を……
時間《じかん》の無駄《むだ》じゃ
ここは もういい
ガチャ ガチャ
ガチャ
ガチャ
ガチャ
シーーーン
そっ…
ビクッ

長浜城《ながはまじょう》…現在《げんざい》の滋賀県長浜市公園町《しがけんながはましこうえんちょう》にあった城《しろ》。

慶松《けいまつ》
母《はは》は羽柴秀吉様《はしばひでよしさま》の奥方《おくがた》 おね様《さま》にお仕《つか》えします
東殿《ひがしどの》
慶松《けいまつ》の母《はは》・東殿《ひがしどの》は秀吉《ひでよし》の妻《つま》・おねの遠縁《とおえん》であった
……
髪《かみ》の伸びた
比叡山《ひえいざん》を攻《せ》めた信長《のぶなが》の家臣《かしん》の奥方《おくがた》に仕《つか》えるのですか?
焼《や》き討《う》ちは……仕方《しかた》がなかったのでしょう
秀吉様《ひでよしさま》は焼《や》き討《う》ちの時《とき》密《ひそ》かに人々《ひとびと》を逃《に》がしたと聞《き》いています
何《なに》より長浜《ながはま》の町《まち》のにぎわいが秀吉様《ひでよしさま》のお人柄《ひとがら》を表《あらわ》しております
あなたも自分《じぶん》の目《め》でご覧《らん》なさい
……はい

長浜城下《ながはまじょうか》
ガヤ
ガヤ
ガヤ
ガヤ
まるで京《きょう》の都《みやこ》のようなにぎわいですね
それも平和《へいわ》だったころの……
……
どうじゃ？わしの城下町《じょうかまち》は
これは城主様《じょうしゅさま》奥方様《おくがたさま》もお揃《そろ》いで
ハッ
あなたが秀吉様《ひでよしさま》!?
おうよ
羽柴秀吉《はしばひでよし》（のちの豊臣秀吉《とよとみひでよし》）

ん……
お主《ぬし》……比叡山《ひえいざん》の？
は……はい
あの時《とき》の仏像《ぶつぞう》です！
ぶっ……
ハハハッ
たしかに仏像《ぶつぞう》じゃ！
わしは信長様《のぶながさま》と違《ちが》い
信心深《しんじんぶか》うてな
どうじゃ
わしに仕《つか》えぬか？
急《きゅう》に出世《しゅっせ》したもので
家臣《かしん》が足《た》りんのよ
そちなら身元《みもと》も確《たし》かだしのぉ
は……はい！
こうして慶松《けいまつ》は
秀吉《ひでよし》に仕《つか》えることになった
長浜城《ながはまじょう》
庭《にわ》
たんと食《た》べりゃーよ
いただきます！

うん うまい！
加藤虎之助《かとうとらのすけ》（のちの清正《きよまさ》）
福島市松《ふくしまいちまつ》（のちの正則《まさのり》）
モリ モリ
ハフ ハフ
ムシャ ムシャ
モリ モリ
モグ モグ
石田佐吉《いしださきち》（のちの三成《みつなり》）
……
秀吉様《ひでよしさま》にとって家臣《かしん》は家族《かぞく》なのだ……
おかわり！
あらー
育《そだ》ち盛《ざか》りがこれだけいると全然《ぜんぜん》足《た》りなかったわねぇ
え〜〜〜
そうだ

お前《まえ》らが来《き》たから
俺《おれ》たちの分《ぶん》が減《へ》ったんじゃ!
よこせ!
あ……
これ!
市松《いちまつ》!
俺《おれ》たちが先輩《せんぱい》だ
当然《とうぜん》だよな
……
……大事《だいじ》なのは殿《との》の
お役《やく》に立《た》つかどうかで――
どちらが先《さき》も
ないでしょう
なんだとテメェ!
市松《いち まつ》!

佐吉《さきち》の言《い》うとおりだ
市松《いちまつ》が悪《わる》い
なにぃ？
誰《だれ》が一番《ばん》殿《との》の役《やく》に立《た》つか確《たし》かめよう……来《こ》い！
応《おう》！
ちょ
……
これ！あんたたち！
ザッ
ザ
ザッ
あんた！止《と》めてくりゃーし
ほっとけ 若《わか》い時分《じぶん》はあれぐらいがちょうどええ
むしろ わしも見《み》ときたーで
あんた！
呼《よ》んでくる
だれを？

おうりゃあぁ
カンッ
カッ
カカッ
ドオッ
俺《おれ》たちに手《て》も足《あし》も出《で》ない
お前《まえ》が 戦場《せんじょう》で
どう役《やく》に立《た》つのだ？
これに懲《こ》りたら
もう生意気《なまいき》を
言《い》うなよ！
ギリッ
………
くそ！
もう
いっぽん……
ガタアッ
次《つぎ》は私《わたし》が！
おう
来《こ》いよ
……

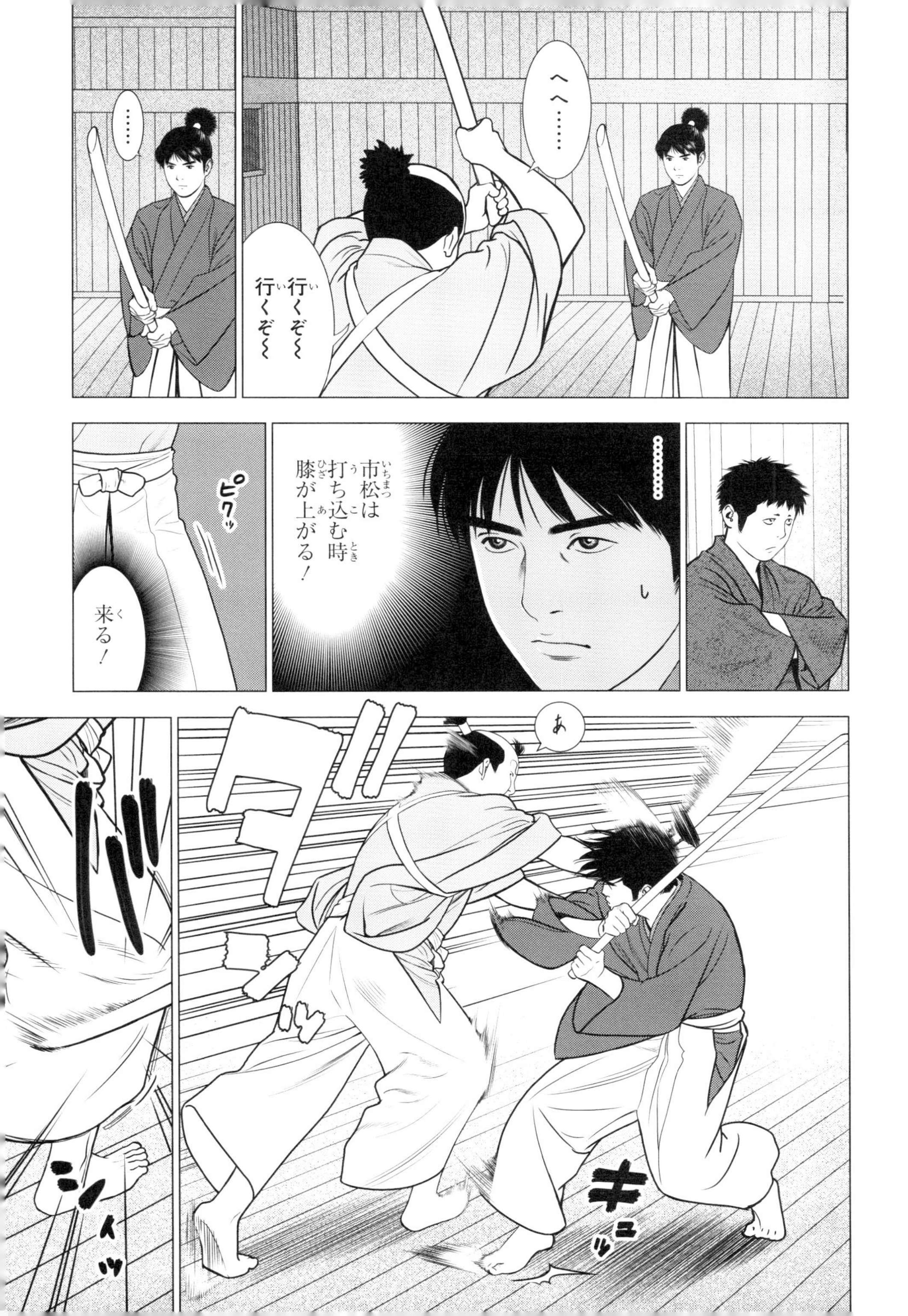
へへ……
行《い》くぞ〜
行《い》くぞ〜
……
………
市松《いちまつ》は
打《う》ち込《こ》む時《とき》
膝《ひざ》が上《あ》がる！
ピクッ
来《く》る！
あ
ダッ
キュッ

いってぇ……
くそ！もう一本《ぽん》!!
俺《おれ》の番《ばん》だ
お前《まえ》の癖《くせ》は読《よ》まれてる
ボソッ
！
俺《おれ》の立《た》ち合《あ》いも見《み》てから出《で》るべきだったな
詰《つ》めが甘《あま》いぜ
………
どう見《み》る？
たしかに慶松《けいまつ》には軍略《ぐんりゃく》の才《さい》がありますね ただ情《じょう》に弱《よわ》い 佐吉《さきち》を捨《す》て石《いし》にはできなかった
虎之助《とらのすけ》には勝《か》てないでしょう

軍師《ぐんし》…大将《たいしょう》のもとで作戦《さくせん》・計略《けいりゃく》を考《かんが》える人《ひと》。

稲葉山城《いなばやまじょう》…現在《げんざい》の岐阜県岐阜市《ぎふけんぎふし》にあった城《しろ》。永禄《えいろく》十（1567）年《ねん》に織田信長《おだのぶなが》が城下《じょうか》を岐阜《ぎふ》と改《あらた》めている。

『孫子《そんし》』…中国《ちゅうごく》の春秋時代《しゅんじゅうじだい》の思想家《しそうか》・孫武《そんぶ》（紀元前《きげんぜん》500年《ねん》ごろの人物《じんぶつ》）の著《ちょ》とされる兵法書《へいほうしょ》。

兵《へい》は詭道《きどう》なり…戦《たたか》いは敵《てき》の目《め》を欺《あざむ》くものである、の意《い》。

播磨国《はりまのくに》…現在《げんざい》の兵庫県南西部《ひょうごけんなんせいぶ》。
家老《かろう》…大名《だいみょう》の家臣《かしん》の最高職《さいこうしょく》。
嫡子《ちゃくし》…家督《かとく》を継《つ》ぐ子《こ》。嫡男《ちゃくなん》。

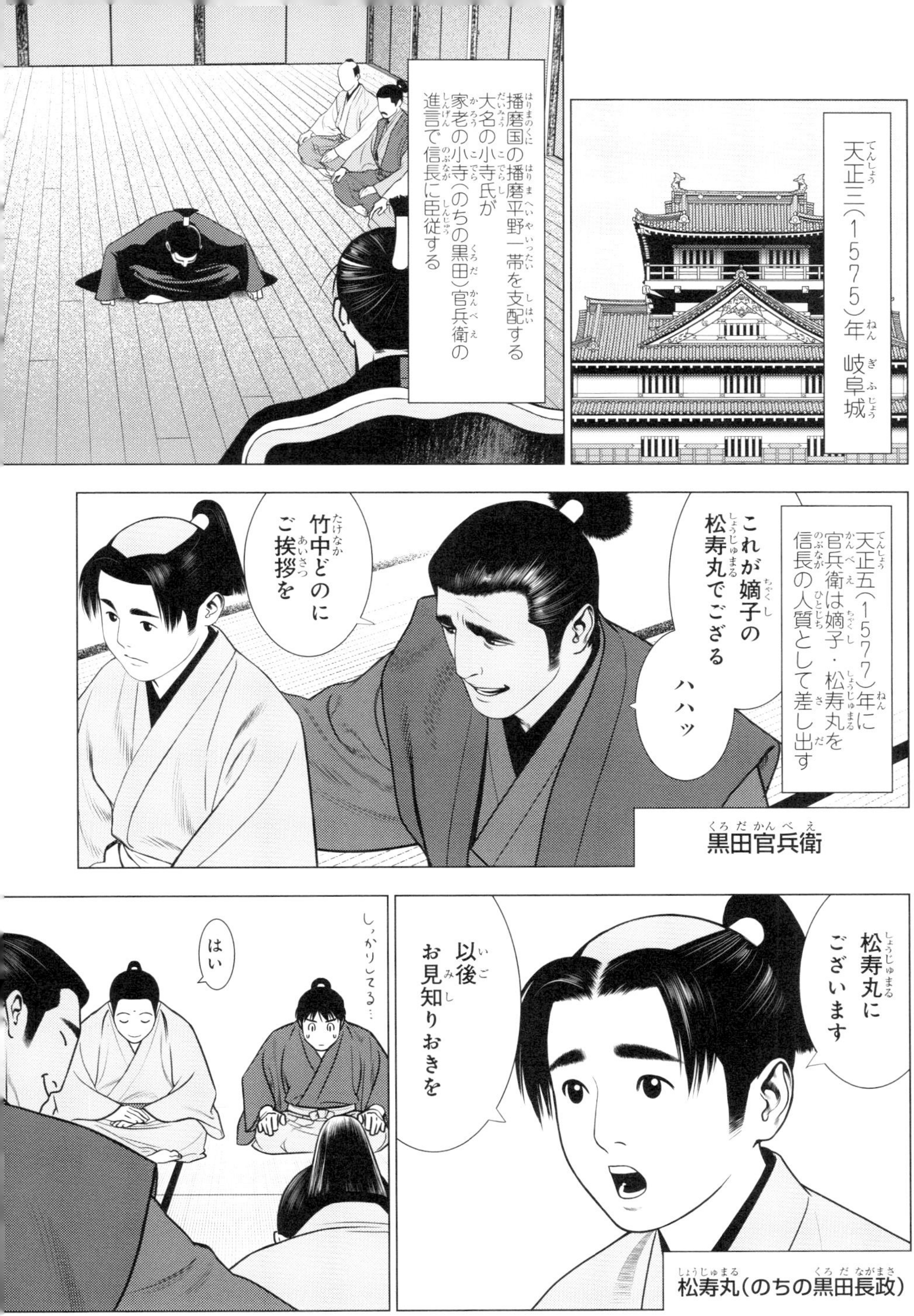
天正《てんしょう》三(1575)年《ねん》 岐阜城《ぎふじょう》
播磨国《はりまのくに》の播磨平野一帯《はりまへいやいったい》を支配《しはい》する大名《だいみょう》の小寺氏《こでらし》が家老《かろう》の小寺《こでら》(のちの黒田《くろだ》)官兵衛《かんべえ》の進言《しんげん》で信長《のぶなが》に臣従《しんじゅう》する
天正《てんしょう》五(1577)年《ねん》に官兵衛《かんべえ》は嫡子《ちゃくし》・松寿丸《しょうじゅまる》を信長《のぶなが》の人質《ひとじち》として差《さ》し出《だ》す
これが嫡子《ちゃくし》の松寿丸《しょうじゅまる》でござる
ハハッ
竹中《たけなか》どのにご挨拶《あいさつ》を
黒田官兵衛《くろだかんべえ》
松寿丸《しょうじゅまる》にございます
以後《いご》お見知《みし》りおきを
松寿丸《しょうじゅまる》(のちの黒田長政《くろだながまさ》)
はい
しっかりしてる…

そなたが慶松《けいまつ》どのか
半兵衛《はんべえ》どのの一番弟子《いちばんでし》とか
ハハッ
まだまだ不肖《ふしょう》の弟子《でし》で・・・ござる
松寿丸《しょうじゅまる》を弟《おとうと》と思《おも》い仲良《なかよ》くしてやってくれ
ハッ ハハーッ
ワハハ
慶松《けいまつ》も松寿丸《しょうじゅまる》もまだ若《わか》い互《たが》いに励《はげ》むように
ハイ!
――しかし

有岡城《ありおかじょう》…現在《げんざい》の兵庫県伊丹市《ひょうごけんいたみし》にあった城《しろ》。

与《くみ》する…味方《みかた》する、仲間《なかま》になる。骸《むくろ》…死体《したい》。また、首《くび》を斬《き》られた胴体《どうたい》だけの死体《したい》。

かしこまりました
私《わたくし》にお任《まか》せください
は……！
!!
で
あるか
早々《そうそう》にのぉ……
半兵衛《はんべえ》……わしの代《か》わりに汚《よご》れ役《やく》をと……
そうなんですか？半兵衛様《はんべえさま》！
私《わたくし》は私《わたくし》の役目《やくめ》を果《は》たすまで
……
違《ちが》う半兵衛様《はんべえさま》には何《なに》か策《さく》が！

斃《たお》れる…急死《きゅうし》する。

幽閉《ゆうへい》…牢《ろう》などに閉《と》じこめて外《そと》に出《だ》さないこと。

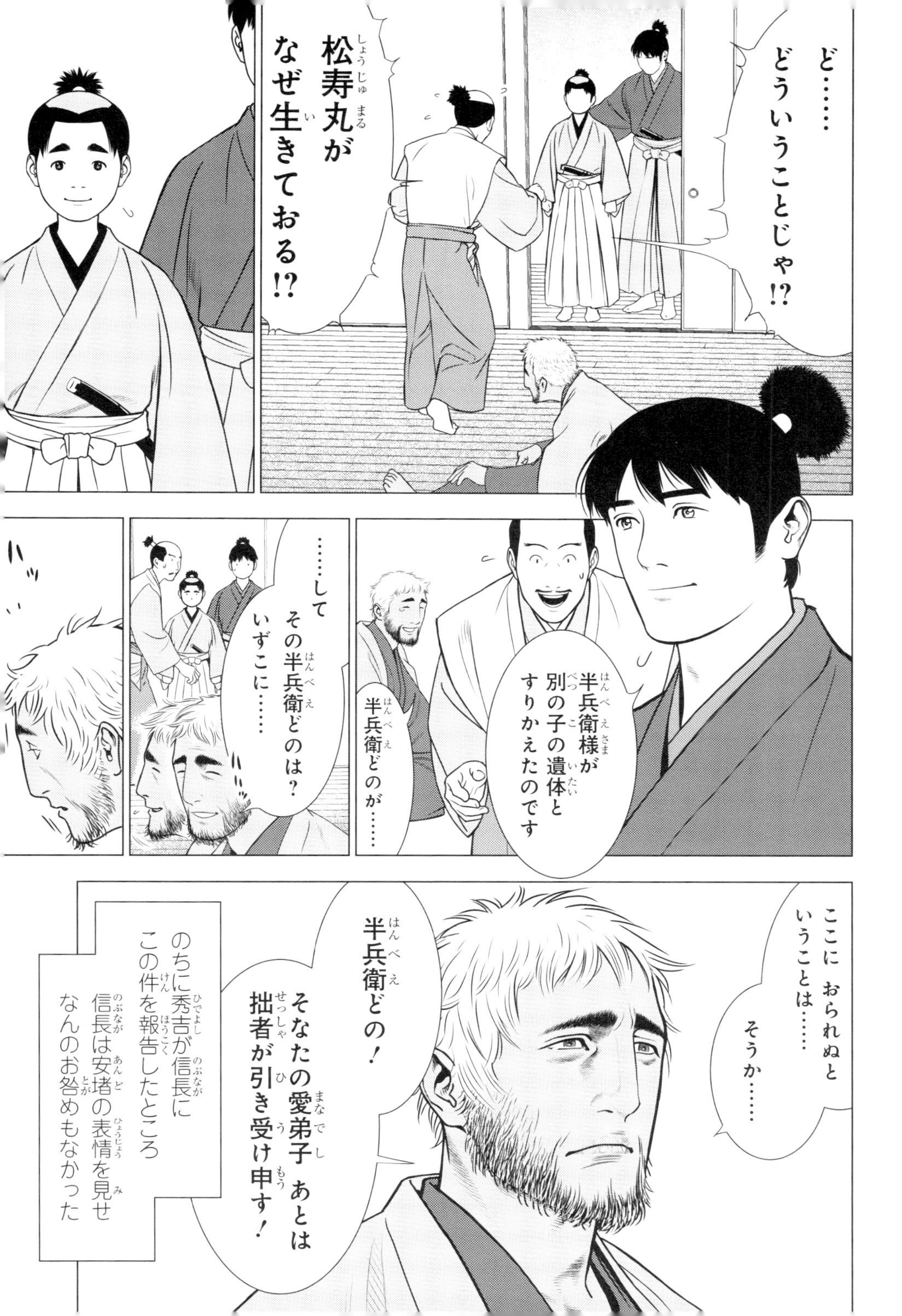
ど……どういうことじゃ!?
松寿丸《しょうじゅまる》がなぜ生《い》きておる!?
半兵衛様《はんべえさま》が別《べつ》の子《こ》の遺体《いたい》とすりかえたのです
半兵衛《はんべえ》どのが……
……してその半兵衛《はんべえ》どのは？いずこに……
ハッ
ここにおられぬということは……
そうか……
半兵衛《はんべえ》どの!
そなたの愛弟子《まなでし》あとは拙者《せっしゃ》が引《ひ》き受《う》け申《もう》す!
のちに秀吉《ひでよし》が信長《のぶなが》にこの件《けん》を報告《ほうこく》したところ信長《のぶなが》は安堵《あんど》の表情《ひょうじょう》を見《み》せなんのお咎《とが》めもなかった

備中高松城《びっちゅうたかまつじょう》…現在《げんざい》の岡山県岡山市北区《おかやまけんおかやましきたく》にあった城《しろ》。元服《げんぷく》…男子《だんし》が成人《せいじん》する儀式《ぎしき》。

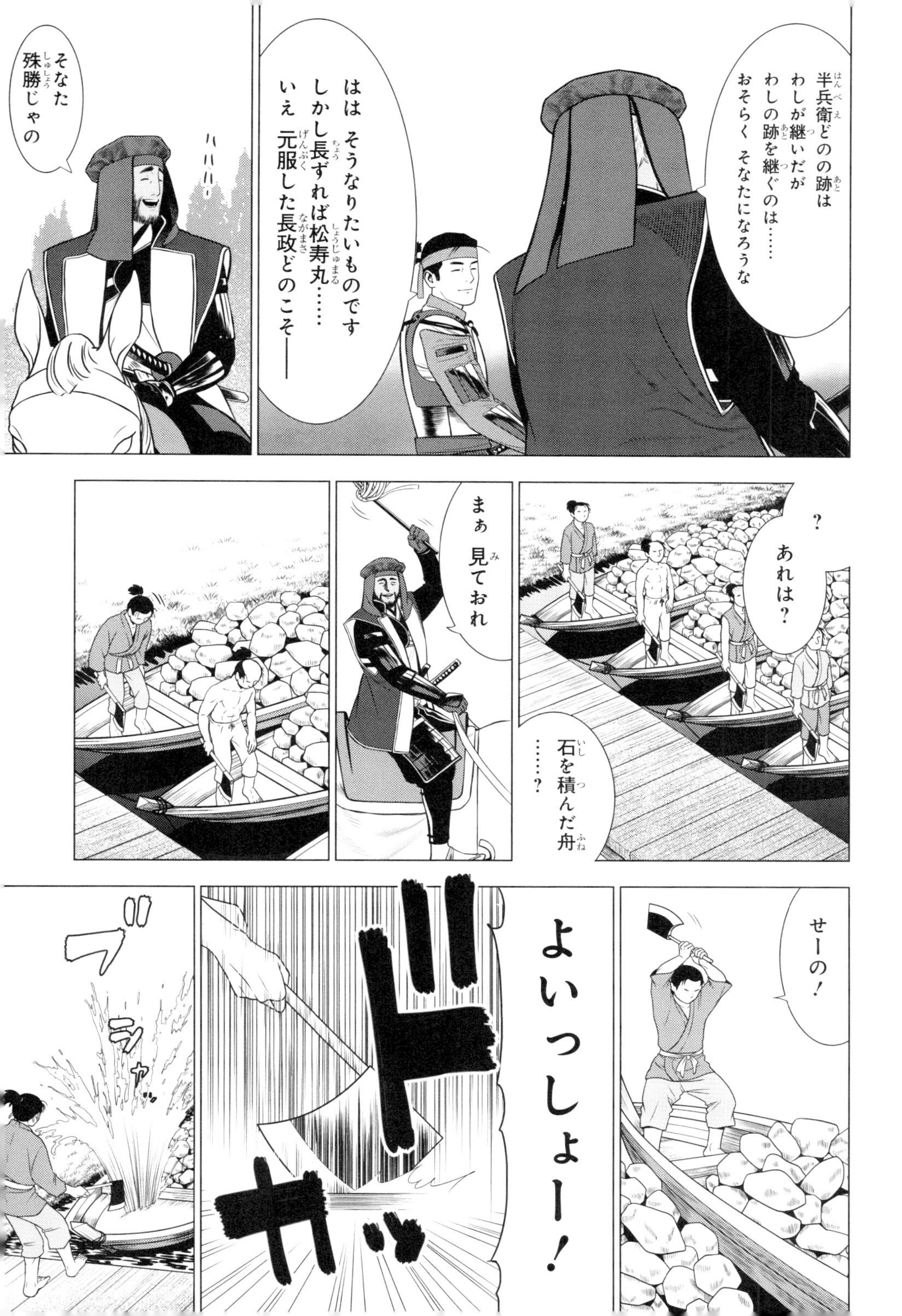

半兵衛《はんべえ》どのの跡《あと》は
わしが継《つ》いだが
わしの跡《あと》を継《つ》ぐのは……
おそらく そなたになろうな
はは そうなりたいものです
しかし長《ちょう》ずれば松寿丸《しょうじゅまる》……
いえ 元服《げんぷく》した長政《ながまさ》どのこそ――
ハハハ
そなた 殊勝《しゅしょう》じゃの
？
あれは？
石《いし》を積《つ》んだ舟《ふね》……？
まぁ 見《み》ておれ
せーの！
よいっしょー！
ドガッ
ブジャッ
ミシャ…

足守川《あしもりがわ》…現在《げんざい》の岡山県岡山市《おかやまけんおかやまし》を流《なが》れる川《かわ》。

本能寺《ほんのうじ》…現在《げんざい》の京都府《きょうとふ》京都市《きょうとし》中京区《なかぎょうく》元本能寺町《もとほんのうじちょう》周辺《しゅうへん》にあった寺《てら》（現在《げんざい》の本能寺《ほんのうじ》は京都府《きょうとふ》京都市《きょうとし》中京区《なかぎょうく》下本能寺前町《しもほんのうじまえちょう》に移転《いてん》）。

上様《うえさま》が……信長様《のぶながさま》がぁあ！
あ……ああ……
ううう……
明智《あけち》どのが……上様《うえさま》を……
ガタッ
うう
スッ
う……
なんじゃ？官兵衛《かんべえ》
殿《との》
ティ・
ご運《うん》の開《ひら》ける時《とき》が参《まい》りましたな
！

上方《かみがた》…京都《きょうと》・大阪周辺《おおさかしゅうへん》。

兵糧《ひょうろう》…戦時《せんじ》の軍隊《ぐんたい》の食糧《しょくりょう》。

備中国《びっちゅうのくに》…現在《げんざい》の岡山県西部《おかやまけんせいぶ》。
美作国《みまさかのくに》…現在《げんざい》の岡山県北東部《おかやまけんほくとうぶ》。
伯耆国《ほうきのくに》…現在《げんざい》の鳥取県中西部《とっとりけんちゅうせいぶ》。

山崎《やまざき》…現在《げんざい》の京都府《きょうとふ》乙訓郡《おとくにぐん》大山崎町《おおやまざきちょう》および大阪府《おおさかふ》三島郡《みしまぐん》島本町《しまもとちょう》山崎《やまざき》。

賤ケ岳《しずがたけ》…現在《げんざい》の滋賀県《しがけん》長浜市《ながはまし》にある山《やま》。

この戦《たたか》いにより
秀吉《ひでよし》の地位《ちい》は盤石《ばんじゃく》となり
奥州《おうしゅう》で秀吉《ひでよし》に臣従《しんじゅう》していない地域《ちいき》
豊臣陣営《とよとみじんえい》
北条氏《ほうじょうし》
天正《てんしょう》十七（1589）年《ねん》
豊臣《とよとみ》と姓《せい》を改《あらた》めた秀吉《ひでよし》は
関白《かんぱく》となった
そして吉継《よしつぐ》も
刑部少輔《ぎょうぶしょうゆう》に任《にん》ぜられる
日本海《にほんかい》の最重要港《さいじゅうようみなと》
敦賀《つるが》五万《まん》七千石《せんごく》を
治《おさ》めるとともに
経済政策《けいざいせいさく》を担《にな》う奉行《ぶぎょう》として
豊臣政権《とよとみせいけん》に欠《か》かせぬ
重鎮《じゅうちん》となる
天下統一《てんかとういつ》までは
関東奥州《かんとうおうしゅう》を残《のこ》すのみ
北条氏《ほうじょうし》が治《おさ》める小田原《おだわら》の征討《せいとう》が
最終戦《さいしゅうせん》となった
しかし問題《もんだい》は徳川《とくがわ》どの……
徳川《とくがわ》どのは娘《むすめ》を北条《ほうじょう》に
嫁《とつ》がせておるでなぁ……

盤石《ばんじゃく》…堅固《けんこ》でしっかりすること。関白《かんぱく》…成人《せいじん》した天皇《てんのう》を助《たす》けて、政治《せいじ》を行《おこな》う職《しょく》。
刑部少輔《ぎょうぶしょうゆう》…朝廷《ちょうてい》の官職名《かんしょくめい》。秀吉《ひでよし》が家臣《かしん》を権威《けんい》づけるために朝廷《ちょうてい》に任命《にんめい》させた。訴訟《そしょう》や罪人《ざいにん》の処罰《しょばつ》を司《つかさど》った刑部省《ぎょうぶしょう》の次官《じかん》の官名《かんめい》。

敦賀《つるが》…現在《げんざい》の福井県敦賀市《ふくいけんつるがし》。　奉行《ぶぎょう》…主君《しゅくん》の命《めい》で政務《せいむ》を担当《たんとう》し執行《しっこう》する役職《やくしょく》。
奥州《おうしゅう》…現在《げんざい》の青森《あおもり》・岩手《いわて》・宮城《みやぎ》・福島《ふくしま》と秋田県《あきたけん》の一部《いちぶ》。　小田原《おだわら》…現在《げんざい》の神奈川県小田原市《かながわけんおだわらし》。

浜松城《はままつじょう》…現在《げんざい》の静岡県浜松市《しずおかけんはままつし》にあった城《しろ》。
浜松城《はままつじょう》
わざわざのお越《こ》し 大儀《たいぎ》でござった
して 今日《きょう》は なんのご用向《ようむ》きで ござろうか？
徳川家康《とくがわいえやす》
関白殿下《かんぱくでんか》は小田原征討《おだわらせいとう》を決意《けつい》なされました
……とうとうか……
それで？
殿下《でんか》は 小田原《おだわら》を囲《かこ》んだ時《とき》 浜松《はままつ》から家康《いえやす》どのが兵《へい》を挙《あ》げれば 再《ふたた》び天下《てんか》は乱《みだ》れると懸念《けねん》しております

なぁにぃ〜？
まぁ まぁ
本多忠勝《ほんだただかつ》
関白殿下《かんぱくでんか》は わが殿《との》の忠義《ちゅうぎ》をお疑《うたが》いか？
本多正信《ほんだまさのぶ》
姫君《ひめぎみ》は北条氏直《ほうじょううじなお》どのの正室《せいしつ》——立場《たちば》が逆《ぎゃく》なら家康《いえやす》どのもお疑《うたが》いになるでしょう
ほほ 道理《どうり》じゃな
ん……
………
……わしは幼《おさな》い頃《ころ》から今川《いまがわ》や織田《おだ》で人質《ひとじち》として育《そだ》った
嫡男《ちゃくなん》の信康《のぶやす》は信長公《のぶながこう》の命《めい》で切腹《せっぷく》させた……

今川《いまがわ》…今川義元《いまがわよしもと》。駿河国《するがのくに》(現在《げんざい》の静岡県中部《しずおかけんちゅうぶ》・北東部《ほくとうぶ》)、遠江国《とおとうみのくに》(現在《げんざい》の静岡県西部《しずおかけんせいぶ》)を支配《しはい》した大名《だいみょう》。

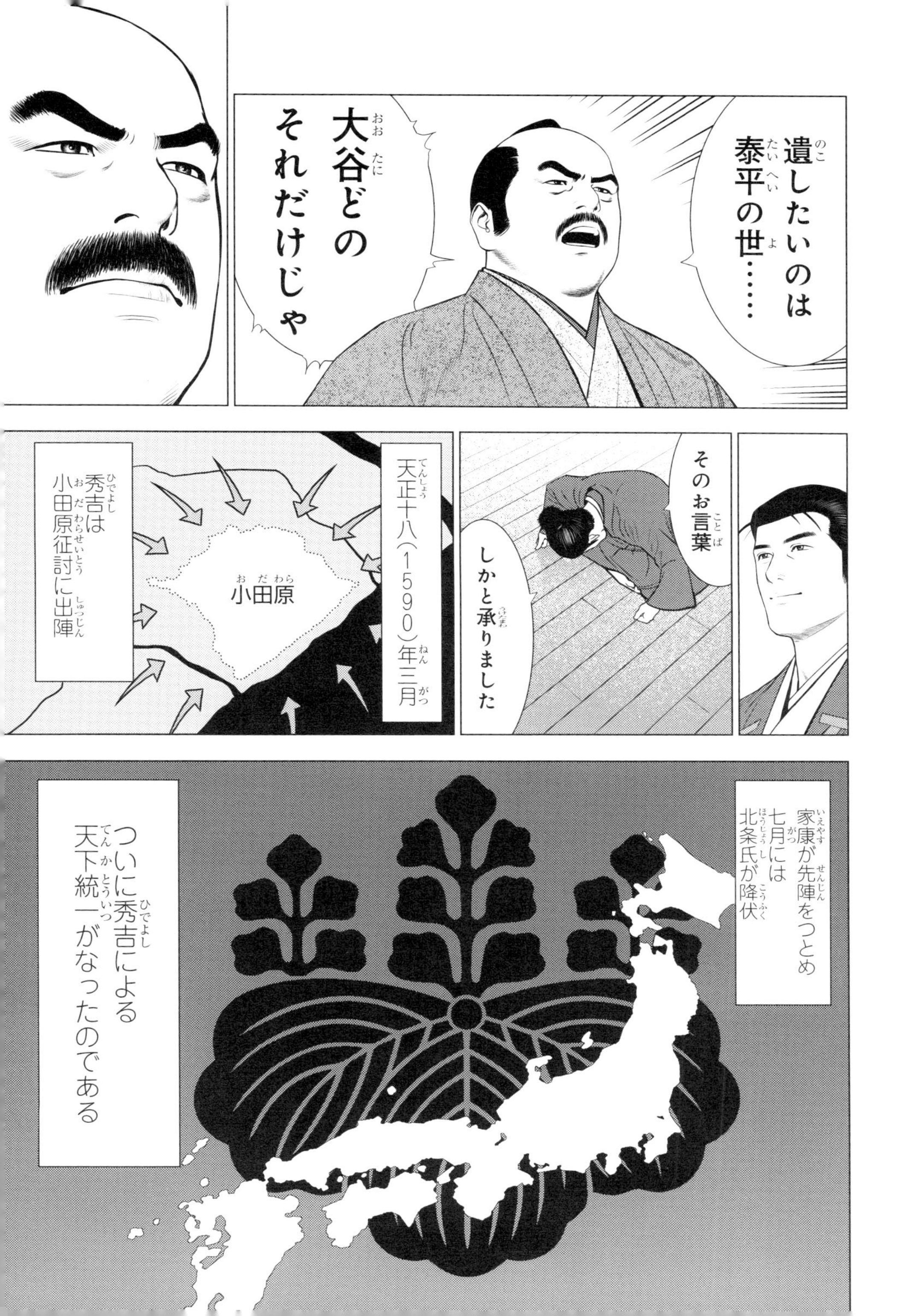
遺《のこ》したいのは泰平《たいへい》の世《よ》……
大谷《おおたに》どのそれだけじゃ
そのお言葉《ことば》しかと承《うけたまわ》りました
天正《てんしょう》十八(1590)年三月《がつ》
秀吉《ひでよし》は小田原征討《おだわらせいとう》に出陣《しゅつじん》
小田原《おだわら》
家康《いえやす》が先陣《せんじん》をつとめ七月《がつ》には北条氏《ほうじょうし》が降伏《こうふく》
ついに秀吉《ひでよし》による天下統一《てんかとういつ》がなったのである

越後国《えちごのくに》…現在《げんざい》の新潟県《にいがたけん》。奥州仕置《おうしゅうしおき》…仕置《しおき》とは国《くに》や領地《りょうち》を統治《とうち》することで、奥州《おうしゅう》が豊臣政権下《とよとみせいけんか》に組《く》み込《こ》まれたことを意味《いみ》する。奥州《おうしゅう》の大名《だいみょう》が

上田《うえだ》…現在《げんざい》の長野県上田市《ながのけんうえだし》。 中山道《なかせんどう》…現在《げんざい》の東京都《とうきょうと》から京都府《きょうとふ》までを結《むす》ぶ、内陸《ないりく》を通《とお》る街道《かいどう》。

天正《てんしょう》十九（1591）年《ねん》八月《がつ》
秀吉《ひでよし》は愛児《あいじ》・鶴松《つるまつ》を三歳《さい》で失《うしな》う
朝鮮出兵《ちょうせんしゅっぺい》が発表《はっぴょう》されたのは
その月《つき》のうちであった
第《だい》三章《しょう》　豊臣《とよとみ》の天下《てんか》
近頃《ちかごろ》の関白殿下《かんぱくでんか》……
おいたわしゅうて見《み》ておられんな
……
突然《とつぜん》「唐入《からい》り」を言《い》い出《だ》されたのも悲《かな》しみを紛《まぎ》らわすためかもしれん
何度《なんど》もお諫《いさ》め申《もう》し上《あ》げたのだが……
わしが東北《とうほく》におったばかりに三成《みつなり》に任《まか》せきりですまなかった——
……かつての関白殿下《かんぱくでんか》は「敵《てき》も味方《みかた》も一兵《いっぺい》も損《そん》ぜぬ戦《いくさ》」を目指《めざ》しておられたその関白殿下《かんぱくでんか》がこのような無意味《むいみ》な戦《いくさ》を……
よせ　吉継《よしつぐ》
……

朝鮮…現在の韓国と北朝鮮。ここでは朝鮮最後の統一王朝である李朝（1392～1910年）を指す。
唐《から》…現在《げんざい》の中国《ちゅうごく》。ここでは、1368～1644年《ねん》まで続《つづ》いた中国《ちゅうごく》の王朝《おうちょう》、明国《みんこく》を指《さ》す。秀吉《ひでよし》は明国《みんこく》を征服《せいふく》するために、まず朝鮮《ちょうせん》に出兵《しゅっぺい》した。

……
翌年《よくねん》 編成《へんせい》された朝鮮遠征軍《ちょうせんえんせいぐん》は
総勢《そうぜい》三十万《まん》という
空前絶後《くうぜんぜつご》の規模《きぼ》となる
吉継《よしつぐ》も三成《みつなり》とともに
軍監《ぐんかん》として渡海《とかい》——
朝鮮《ちょうせん》の首都《しゅと》
漢城《かんじょう》に入《はい》った——
……
黒田長政《くろだながまさ》

軍監《ぐんかん》…軍《ぐん》の監督《かんとく》をする役職《やくしょく》。

漢城《かんじょう》…現在《げんざい》の韓国《かんこく》の首都《しゅと》ソウル。

ハンセン病《びょう》…慢性《まんせい》の感染症《かんせんしょう》で、皮膚《ひふ》のただれや、顔《かお》や手足《てあし》の麻痺《まひ》・萎縮《いしゅく》などの症状《しょうじょう》がある。病原菌《びょうげんきん》の感染力《かんせんりょく》は弱《よわ》く、現在《げんざい》は治療薬《ちりょうやく》で完治《かんち》する。

三成《みつなり》がおる
吉継《よしつぐ》
あとは私《わたし》に任《まか》せ
日本《ひのもと》で養生《ようじょう》せよ
……
三成《みつなり》
戦《いくさ》において何《なに》よりも
大事《だいじ》なのは人《ひと》の和《わ》だ
お主《ぬし》は人《ひと》の心《こころ》を
ないがしろにしすぎる
気《き》をつけよ
なぁに
任《まか》せておけ！
ドンッ
……
文禄《ぶんろく》二（1593）年《ねん》八月《がつ》
秀吉《ひでよし》に待望《たいぼう》の実子《じっし》
拾《ひろい》（のちの豊臣秀頼《とよとみひでより》）が
生《う》まれた
淀《よど》
でかしたぞ
オギャ
オギャ
オギャ
オギャ
……
オギャ

肥前国《ひぜんのくに》…現在《げんざい》の佐賀県《さがけん》と長崎県《ながさきけん》の大半《たいはん》。

名護屋城《なごやじょう》…朝鮮出兵《ちょうせんしゅっぺい》の基地《きち》として築《きず》かれた、現在《げんざい》の佐賀県唐津市《さがけんからつし》にあった城《しろ》。

瘡《そう》…皮膚《ひふ》のできものや、はれもの。

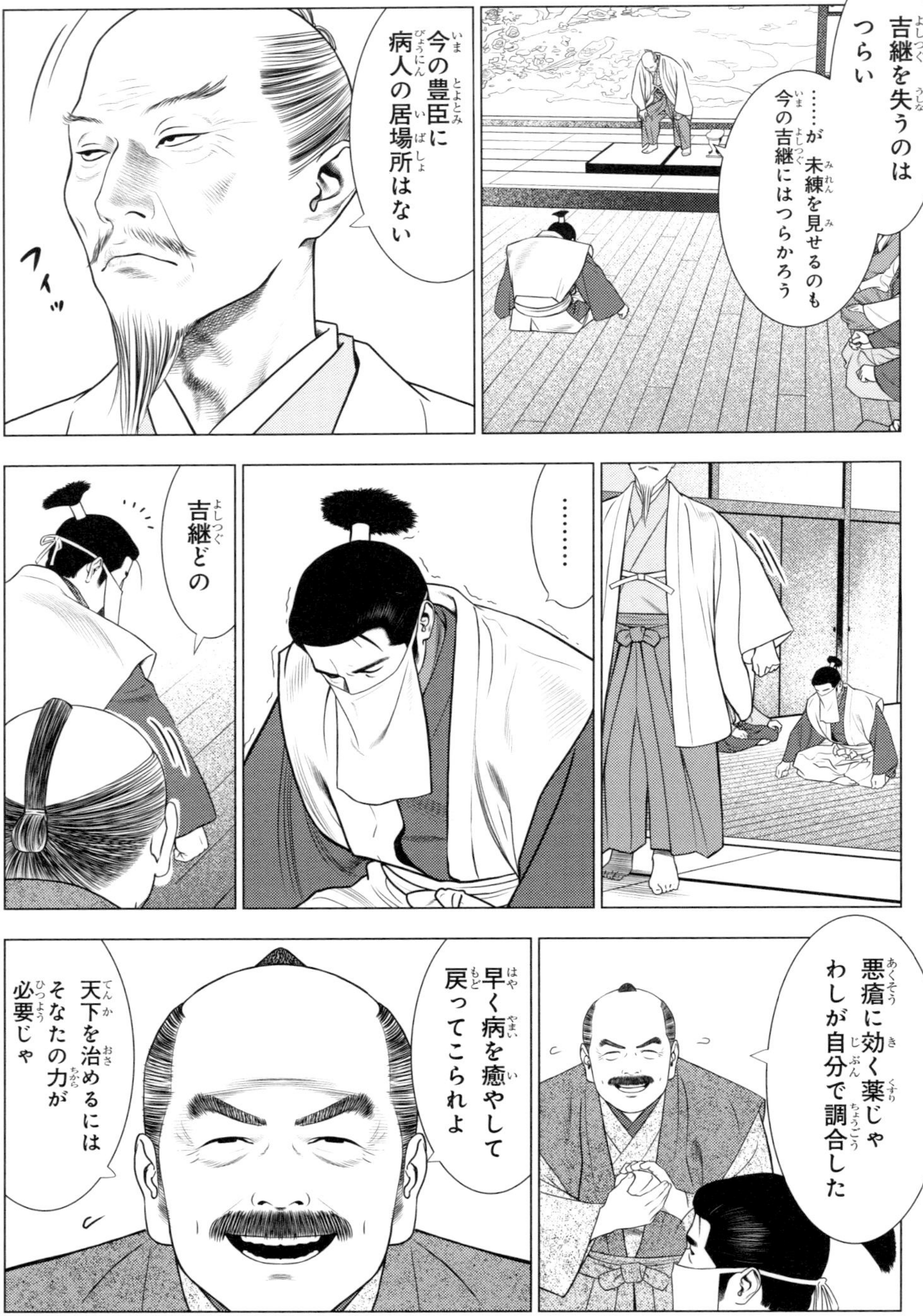
吉継《よしつぐ》を失《うしな》うのは
つらい
……が　未練《みれん》を見《み》せるのも
今《いま》の吉継《よしつぐ》にはつらかろう
今《いま》の豊臣《とよとみ》に
病人《びょうにん》の居場所《いばしょ》はない
フイッ
……
吉継《よしつぐ》どの
悪瘡《あくそう》に効《き》く薬《くすり》じゃ
わしが自分《じぶん》で調合《ちょうごう》した
早《はや》く病《やまい》を癒《い》やして
戻《もど》ってこられよ
天下《てんか》を治《おさ》めるには
そなたの力《ちから》が
必要《ひつよう》じゃ

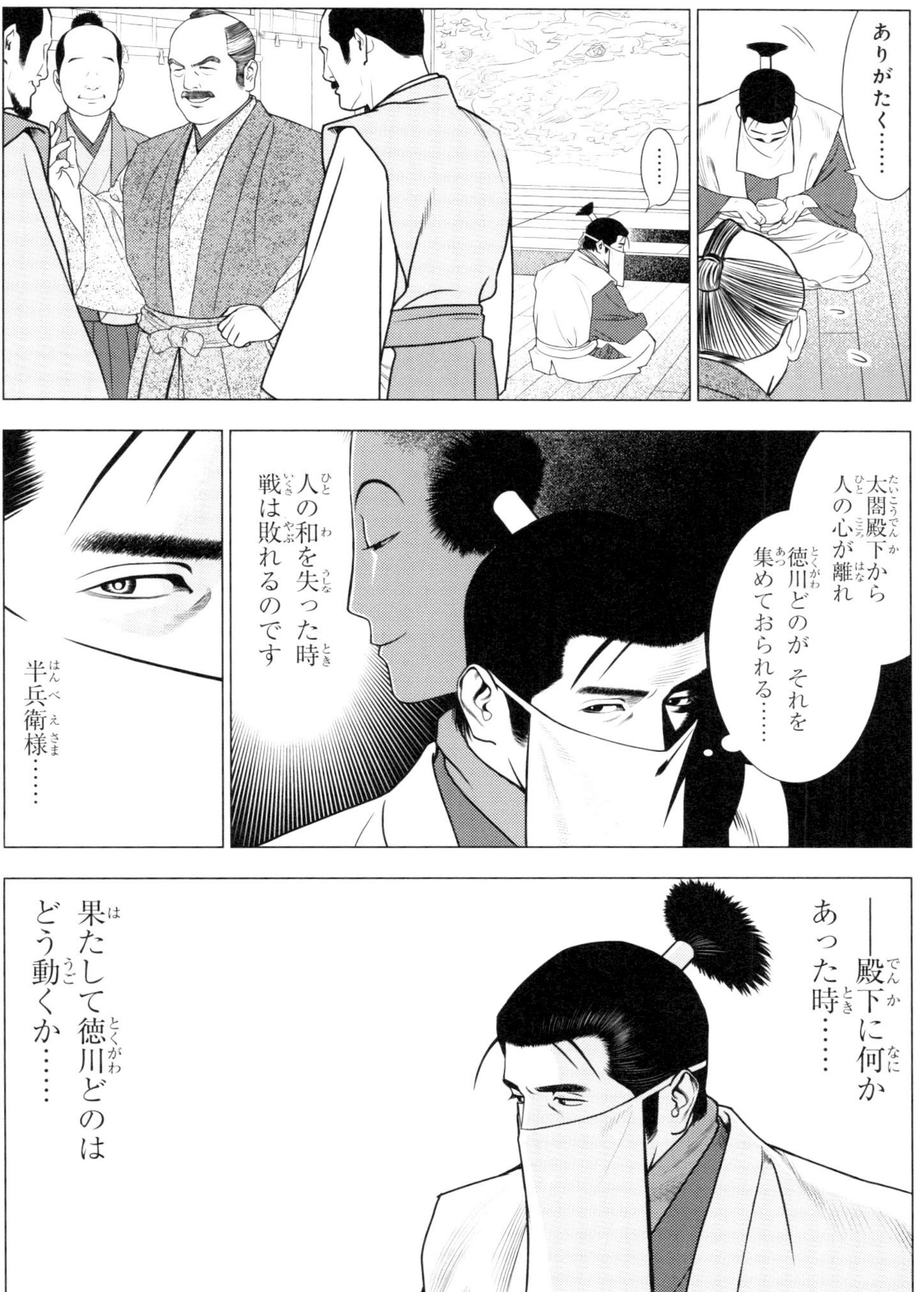
ありがたく……
……
太閤殿下《たいこうでんか》から
人《ひと》の心《こころ》が離《はな》れ
徳川《とくがわ》どのが それを
集《あつ》めておられる……
人《ひと》の和《わ》を失《うしな》った時《とき》
戦《いくさ》は敗《やぶ》れるのです
半兵衛様《はんべえさま》……
――殿下《でんか》に何《なに》か
あった時《とき》……
果《は》たして徳川《とくがわ》どのは
どう動《うご》くか……

太閤《たいこう》…関白《かんぱく》を辞《じ》して位《くらい》を子《こ》に譲《ゆず》った者《もの》の称号《しょうごう》。秀吉《ひでよし》は天正《てんしょう》十九（1591）年、甥《おい》で養子《ようし》の秀次《ひでつぐ》に関白《かんぱく》を譲《ゆず》るが、太閤《たいこう》として実権《じっけん》を握《にぎ》り続《つづ》けた。

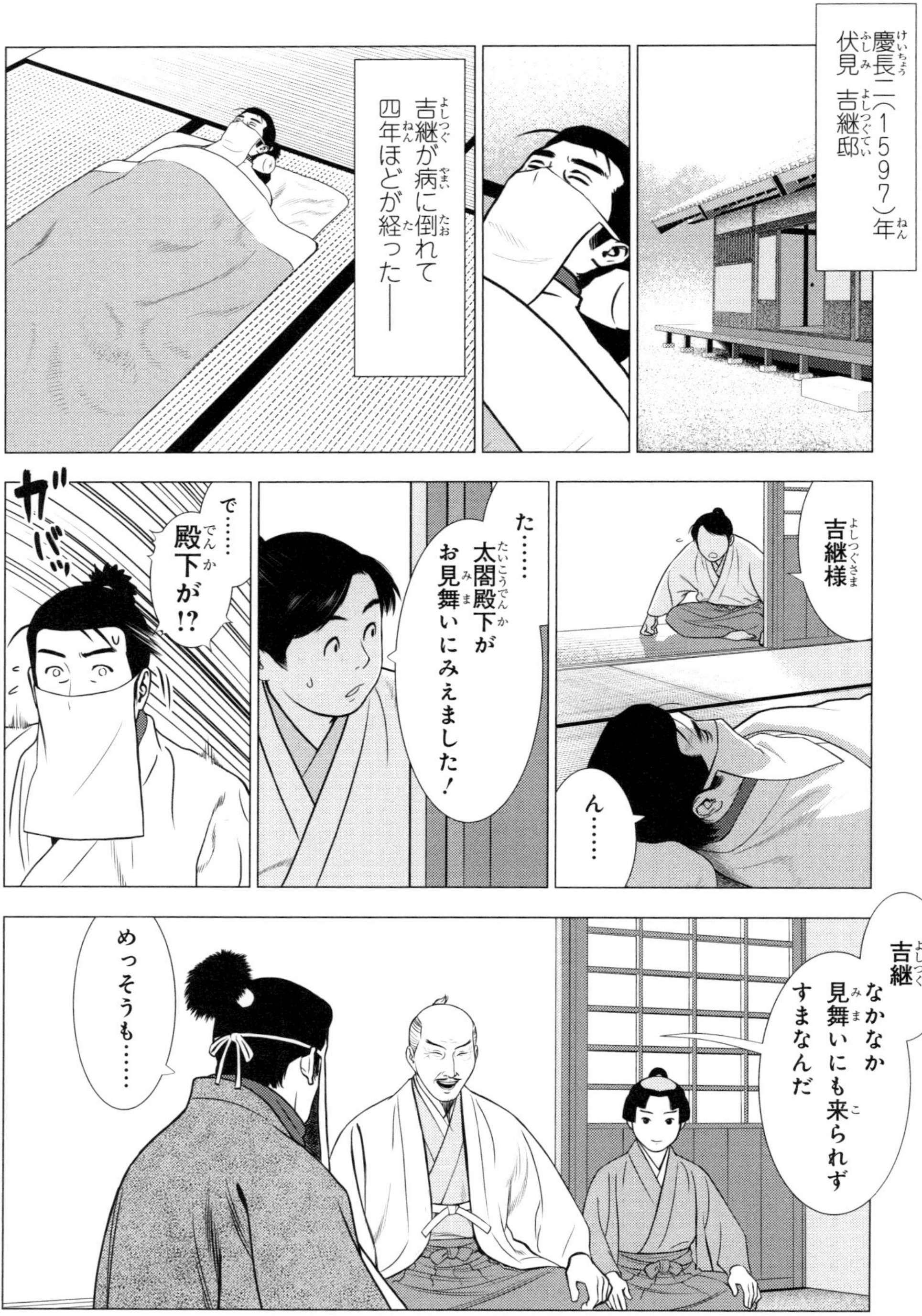

伏見《ふしみ》…現在《げんざい》の京都府《きょうとふ》京都市《きょうとし》伏見区《ふしみく》の中心部《ちゅうしんぶ》。

醍醐寺《だいごじ》…現在《げんざい》の京都市伏見区醍醐東大路町《きょうとしふしみくだいごひがしおおじちょう》にある真言宗《しんごんしゅう》の寺《てら》。

殿下《でんか》が亡《な》くなられた時《とき》
大名《だいみょう》たちは果《は》たして……
どう動《うご》くか……
慶長《けいちょう》三(1598)年《ねん》
八月《がつ》十八日《にち》——
秀吉《ひでよし》は伏見城《ふしみじょう》で死去《しきょ》
享年《きょうねん》六十二であった

伏見城《ふしみじょう》…現在《げんざい》の京都府《きょうとふ》京都市《きょうとし》伏見区《ふしみく》桃山地区《ももやまちく》一帯《いったい》にあった、豊臣秀吉《とよとみひでよし》が築《きず》いた城《しろ》。

第四章《だいしょう》　関ヶ原《せきがはら》まで

関ヶ原《せきがはら》…現在《げんざい》の岐阜県不破郡関ヶ原町《ぎふけんふわぐんせきがはらちょう》。

隈本《くまもと》…現在《げんざい》の熊本県熊本市《くまもとけんくまもとし》。肥後国《ひごのこく》(現在《げんざい》の熊本県《くまもとけん》)を領地《りょうち》とする加藤清正《かとうきよまさ》の居城《きょじょう》があった。

五大老《ごたいろう》…豊臣秀吉《とよとみひでよし》が設《もう》けた政権《せいけん》の最高職《さいこうしょく》。

五奉行《ごぶぎょう》…豊臣秀吉《とよとみひでよし》が設《もう》けた政権《せいけん》の実務《じつむ》を司《つかさど》る職《しょく》。

秀吉《ひでよし》は自分《じぶん》の死後《しご》の政権《せいけん》を
徳川家康《とくがわいえやす》・前田利家《まえだとしいえ》ら五大老《ごたいろう》と
石田三成《いしだみつなり》ら五奉行《ごぶぎょう》に委《ゆだ》ねていた
五大老《ごたいろう》
徳川家康《とくがわいえやす》
前田利家《まえだとしいえ》
上杉景勝《うえすぎかげかつ》
宇喜多秀家《うきたひでいえ》
毛利輝元《もうりてるもと》
石田三成《いしだみつなり》
浅野長政《あさのながまさ》
前田玄以《まえだげんい》
増田長盛《ましたながもり》
長束正家《なつかまさいえ》
五奉行《ごぶぎょう》
――しかし
家康《いえやす》は勝手《かって》に伊達政宗《だてまさむね》と
縁組《えんぐみ》を結《むす》ぶなど
秀吉《ひでよし》の遺命《いめい》に背《そむ》き始《はじ》める
伊達政宗《だてまさむね》

論功行賞《ろんこうこうしょう》…功績《こうせき》を論《ろん》じ、それに応《おう》じて賞《しょう》を与《あた》えること。

私《わたくし》する…私物化《しぶっか》する。

貴様《きさま》！
太閤殿下《たいこうでんか》のご恩《おん》を忘《わす》れたのか⁉
大事《だいじ》なのは殿下《でんか》の血筋《ちすじ》なのか？
なんだとぉ……
秀吉様《ひでよしさま》が天下《てんか》を統一《とういつ》し戦国《せんごく》の世《よ》は終《お》わった……
今《いま》 大切《たいせつ》なことは秀吉様《ひでよしさま》の「志《こころざし》」天下泰平《てんかたいへい》の世《よ》をつくることではないのか？
そのためには誰《だれ》が立《た》とうがなんの違《ちが》いがあろう――
少《すく》なくとも民《たみ》にとっては同《おな》じ――だ
話《はなし》にならん
こののち 前田利家《まえだとしいえ》が死去《しきょ》し抑《おさ》えの効《き》かなくなった七将《しちしょう》は三成《みつなり》を襲撃《しゅうげき》しようとする
――しかし それを調停《ちょうてい》したのは誰《だれ》あろう 家康《いえやす》であった

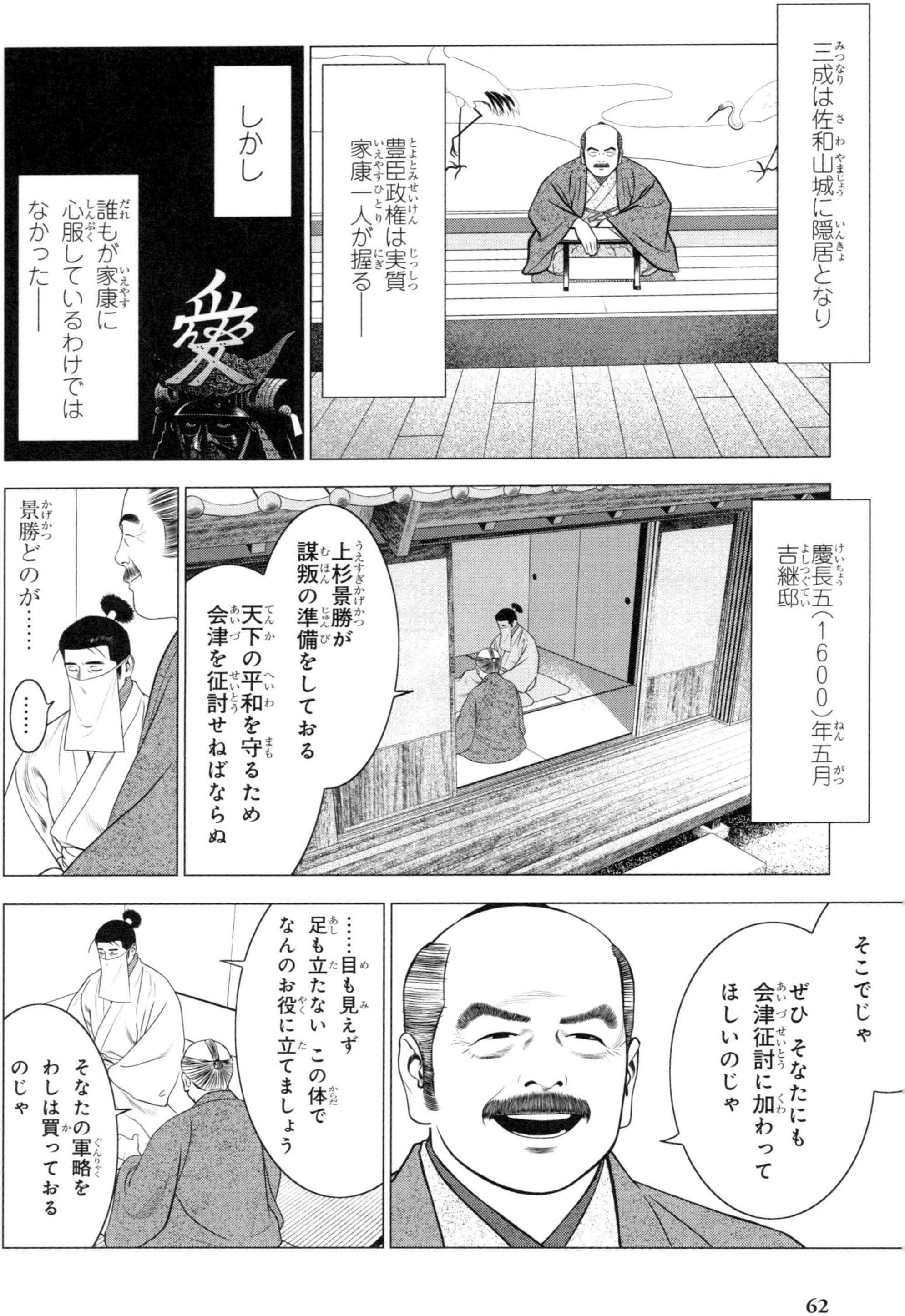
三成《みつなり》は佐和山城《さわやまじょう》に隠居《いんきょ》となり
豊臣政権《とよとみせいけん》は実質《じっしつ》
家康一人《いえやすひとり》が握《にぎ》る——
しかし
誰《だれ》もが家康《いえやす》に
心服《しんぷく》しているわけでは
なかった——
慶長五《けいちょう》(1600)年《ねん》五月《がつ》
吉継邸《よしつぐてい》
上杉景勝《うえすぎかげかつ》が
謀叛《むほん》の準備《じゅんび》をしておる
天下《てんか》の平和《へいわ》を守《まも》るため
会津《あいづ》を征討《せいとう》せねばならぬ
景勝《かげかつ》どのが……
……
そこでじゃ
ぜひ そなたにも
会津征討《あいづせいとう》に加《くわ》わって
ほしいのじゃ
……目《め》も見《み》えず
足《あし》も立《た》たない この体《からだ》で
なんのお役《やく》に立《た》てましょう
そなたの軍略《ぐんりゃく》を
わしは買《か》っておる
のじゃ

佐和山城《さわやまじょう》…現在《げんざい》の滋賀県彦根市古沢町《しがけんひこねしふるさわちょう》にあった山城《やまじろ》。会津《あいづ》…現在《げんざい》の福島県会津若松市《ふくしまけんあいづわかまつし》。

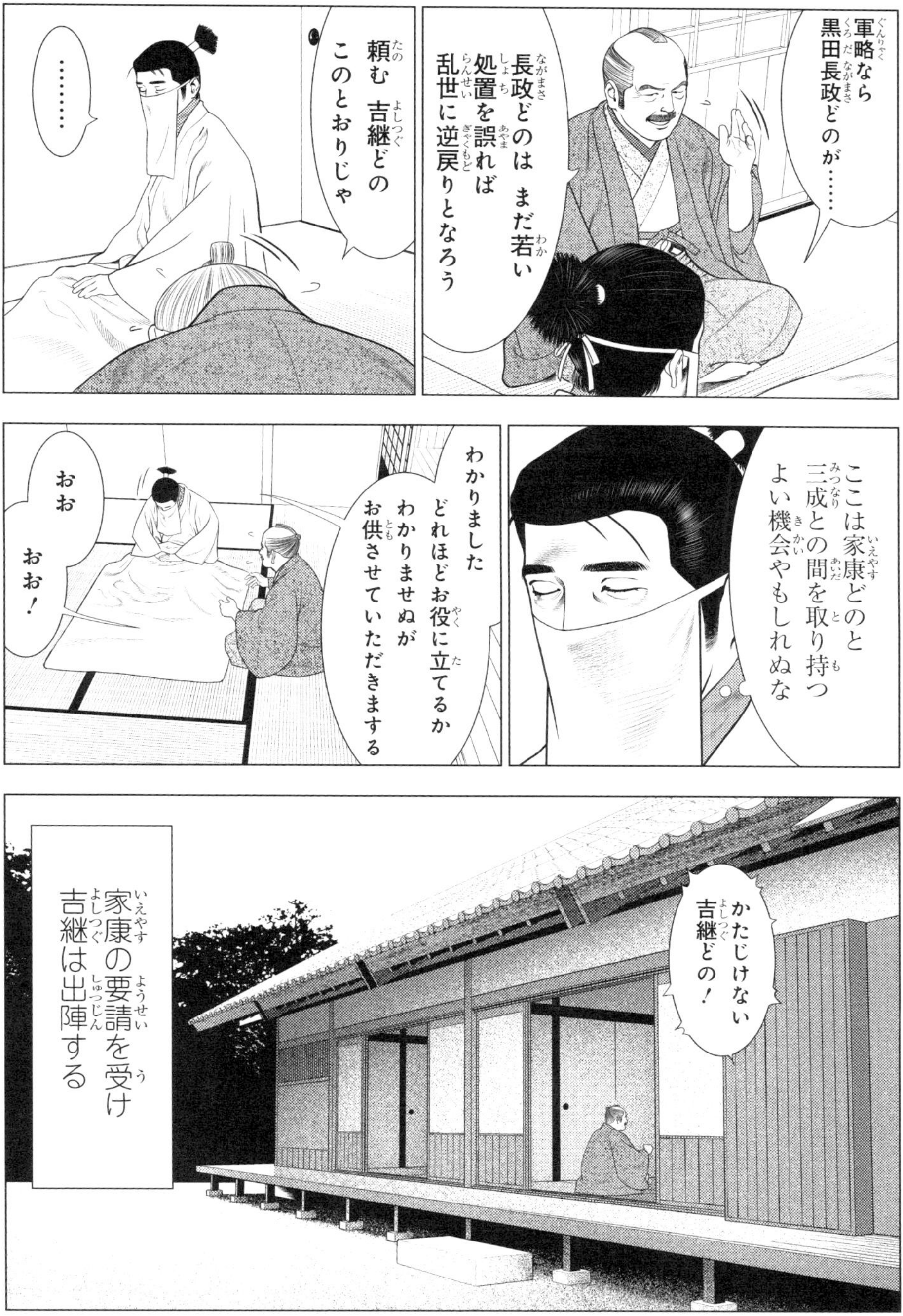
軍略《ぐんりゃく》なら黒田長政《くろだながまさ》どのが……
長政《ながまさ》どのはまだ若《わか》い処置《しょち》を誤《あやま》れば乱世《らんせい》に逆戻《ぎゃくもど》りとなろう
頼《たの》む吉継《よしつぐ》どのこのとおりじゃ
………
ここは家康《いえやす》どのと三成《みつなり》との間《あいだ》を取《と》り持《も》つよい機会《きかい》やもしれぬな
わかりましたどれほどお役《やく》に立《た》てるかわかりませぬがお供《とも》させていただきまする
おお
おお!
家康《いえやす》の要請《ようせい》を受《う》け吉継《よしつぐ》は出陣《しゅつじん》する
かたじけない吉継《よしつぐ》どの!

垂井《たるい》…現在《げんざい》の岐阜県不破郡垂井町《ぎふけんふわぐんたるいちょう》。

垂井城《たるいじょう》…現在《げんざい》の岐阜県不破郡垂井町《ぎふけんふわぐんたるいちょう》にあった城《しろ》。

そうか……
……
三成《みつなり》のやつ……
よからぬ考えを《かんが》持《も》っていなければよいが……
佐和山城《さわやまじょう》
三成《みつなり》 息子《むすこ》を会津征討《あいづせいとう》に従軍《じゅうぐん》させよ
それで家康《いえやす》どのとのわだかまりは解《と》ける
そののち そなたが政権《せいけん》に戻《もど》れるようわしが取《と》りはからう
会津征討《あいづせいとう》だと？
それこそが政権《せいけん》を私《わたくし》する証拠《しょうこ》ではないか！
それはお主《ぬし》のせいでもあろう？
もっと清正《きよまさ》らの気持《きも》ちを汲《く》めば徳川《とくがわ》どのが今《いま》ほどの力《ちから》をつけることはなかったのだ

ああ そうだ そのとおりだ
——だから
私《わたし》が徳川《とくがわ》を倒《たお》す！
三成《みつなり》！
不義《ふぎ》の上《うえ》の天下泰平《てんかたいへい》などいらぬわ！
お主《ぬし》を誘《さそ》うつもりであったが間違《まちが》っていた！
さっさと 徳川《とくがわ》のもとに行《い》くがよい！

……
三成《みつなり》
お主《ぬし》には
人望《じんぼう》がない
それがどうした!
誰《だれ》もついてこなくとも
構《かま》わぬ 私《わたし》は正《ただ》しいと信《しん》ずる
ことをなすだけだ!
ダッ
人望《じんぼう》がないだけでなく
愚《おろ》かでもあるな
……!
ブルッ
去《い》ね
お主《ぬし》とは
言《い》い争《あらそ》いを
したくない
……
ガチャ
ガチャ
ガチャ

※秀吉《ひでよし》は大名《だいみょう》たちを奮起《ふんき》させるために、茶会《ちゃかい》で非常《ひじょう》に大《おお》きな茶碗《ちゃわん》を用意《ようい》したことがある。

フゥー
ピチョン。
あ…
……
サ
……
カーーッ

ゴッ
クンッッ
ゴクゴク
ゴク
プハーッ
おっと飲《の》み干《ほ》してしまった
三成《みつなり》わしは お主《ぬし》のためなら死《し》んでやってもよい

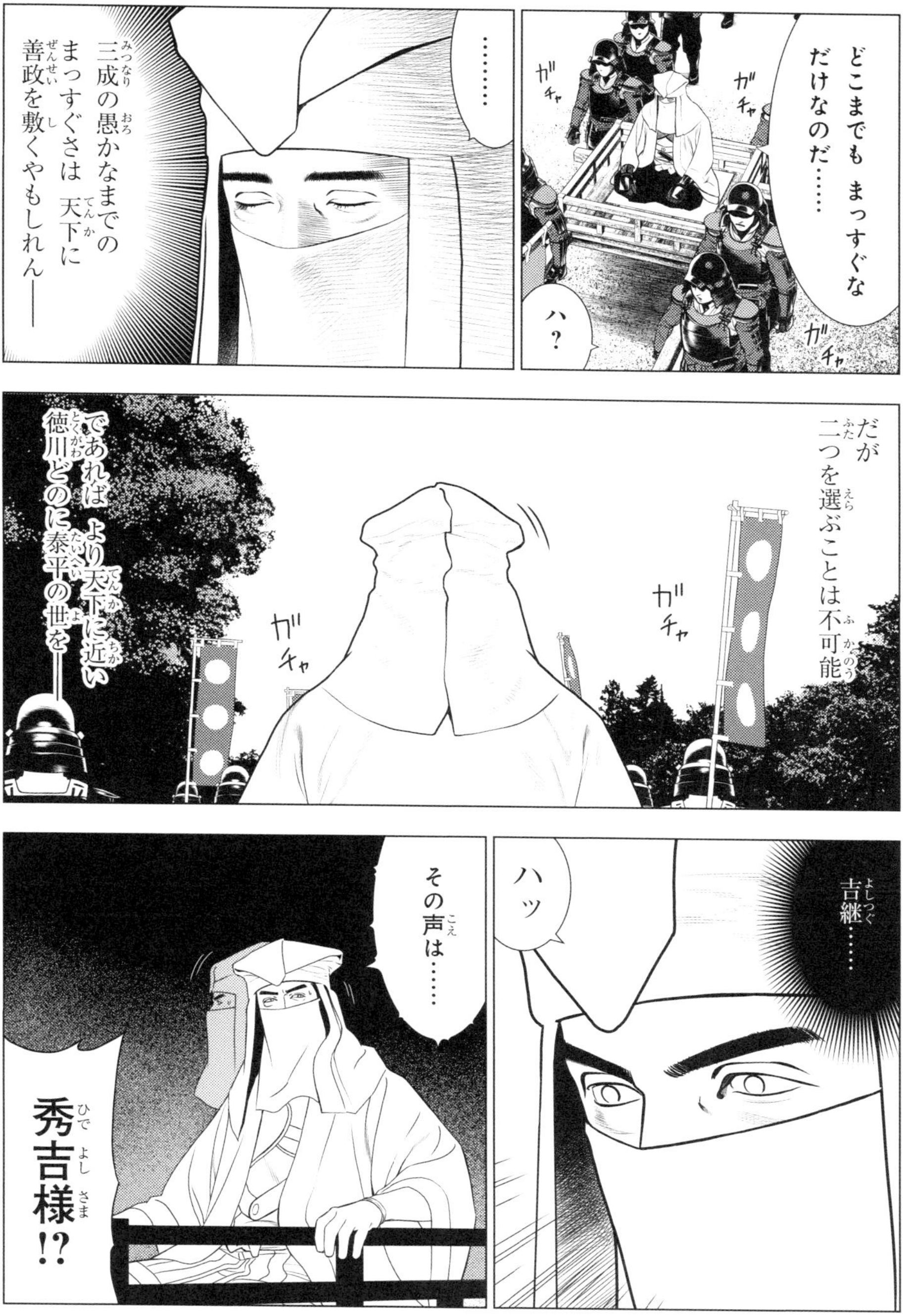
どこまでも まっすぐな
だけなのだ……
ガチャ
ガチャ
ガチャ
ハ？
……
三成《みつなり》の愚《おろ》かなまでの
まっすぐさは 天下《てんか》に
善政《ぜんせい》を敷《し》くやもしれん——
だが
二《ふた》つを選《えら》ぶことは不可能《ふかのう》
ガチャ
ガチャ
であれば より天下《てんか》に近《ちか》い
徳川《とくがわ》どのに泰平《たいへい》の世《よ》を——
吉継《よしつぐ》……
ハッ
その声《こえ》は……
秀吉様《ひでよしさま》!?

そなたに
万《まん》の兵《へい》を任《まか》せたい
ものじゃのぉ
遺《のこ》したいのは
泰平《たいへい》の世《よ》……
大谷《おおたに》どの
それだけじゃ！
——家康《いえやす》どの……
……
ガチャ
ガチャ
ガチャ
ギュッ

輿《こし》…長《なが》い柄《え》の上《うえ》の台座《だいざ》や箱《はこ》に人《ひと》を乗《の》せ、担《かつ》いだりして運《はこ》ぶ乗物《のりもの》。外交僧《がいこうそう》…大名《だいみょう》や国《くに》の使者《ししゃ》として交渉《こうしょう》や連絡《れんらく》を行《おこな》う僧《そう》。使僧《しそう》ともいう。

小山《おやま》 家康本陣《いえやすほんじん》
上方《かみがた》にて 石田三成《いしだみつなり》どの挙兵《きょへい》!
三成《みつなり》が……
そうか
そうか そうか そうか
ようやく 腰《こし》を上《あ》げましたな
して 兵《へい》は どれほどだ? 五千《せん》か? 一万《まん》か?
そ それが……
二万《まん》か? あの三成《みつなり》に よく それだけの兵《へい》が
十万《まん》に ございます

小山《おやま》…現在《げんざい》の栃木県《とちぎけん》小山市《おやまし》。上杉征討《うえすぎせいとう》のために江戸《えど》を出立《しゅったつ》した家康《いえやす》が陣《じん》を置《お》いた。

ハッ
大谷《おおたに》……
大谷吉継《おおたによしつぐ》がいるのか！
はっ
三成《みつなり》どののの陣営《じんえい》に……
しまった……
なんということだ……
黒田官兵衛《くろだかんべえ》の息子《むすこ》を
長政《ながまさ》を……呼《よ》べ！
ハハーッ
天下分《てんかわ》け目《め》の関《せき》ヶ原《がはら》の合戦《かっせん》が始《はじ》まろうとしていた！

大坂《おおさか》…現在《げんざい》の大阪《おおさか》。

翌日《よくじつ》 小山《おやま》 徳川本陣《とくがわほんじん》
妻子《さいし》が人質《ひとじち》に取《と》られても正邪《せいじゃ》の判断《はんだん》を誤《あやま》る我《われ》らではない！
この福島正則《ふくしままさのり》！
家康《いえやす》どのに従《したが》い豊臣家《とよとみけ》を私《わたくし》せんとする三成《みつなり》の首《くび》を取《と》る！
ガタッ
拙者《せっしゃ》掛川城《かけがわじょう》を家康殿《いえやすどの》に提供《ていきょう》いたす！
この「小山評定《おやまひょうじょう》」により東軍《とうぐん》は結束《けっそく》打倒三成《だとうみつなり》を誓《ちか》う
拙者《せっしゃ》も！
拙者《せっしゃ》も！
次《つぎ》は西軍《せいぐん》――
小早川秀秋《こばやかわひであき》を調略《ちょうりゃく》する！
九月十四日《がつじゅうよっか》 関ケ原《せきがはら》 山中村《やまなかむら》
大谷吉継《おおたによしつぐ》の陣《じん》
ガシャ
ガシャ

掛川城《かけがわじょう》…現在《げんざい》の静岡県掛川市掛川《しずおかけんかけがわしかけがわ》にあった城《しろ》。当時《とうじ》、山内一豊《やまうちかずとよ》の居城《きょじょう》だった。

山中村《やまなかむら》…現在《げんざい》の岐阜県不破郡関ケ原町山中《ぎふけんふわぐんせきがはらちょうやまなか》。

松尾山《まつおやま》…岐阜県《ぎふけん》不破郡《ふわぐん》関ケ原町《せきがはらちょう》にある山《やま》。

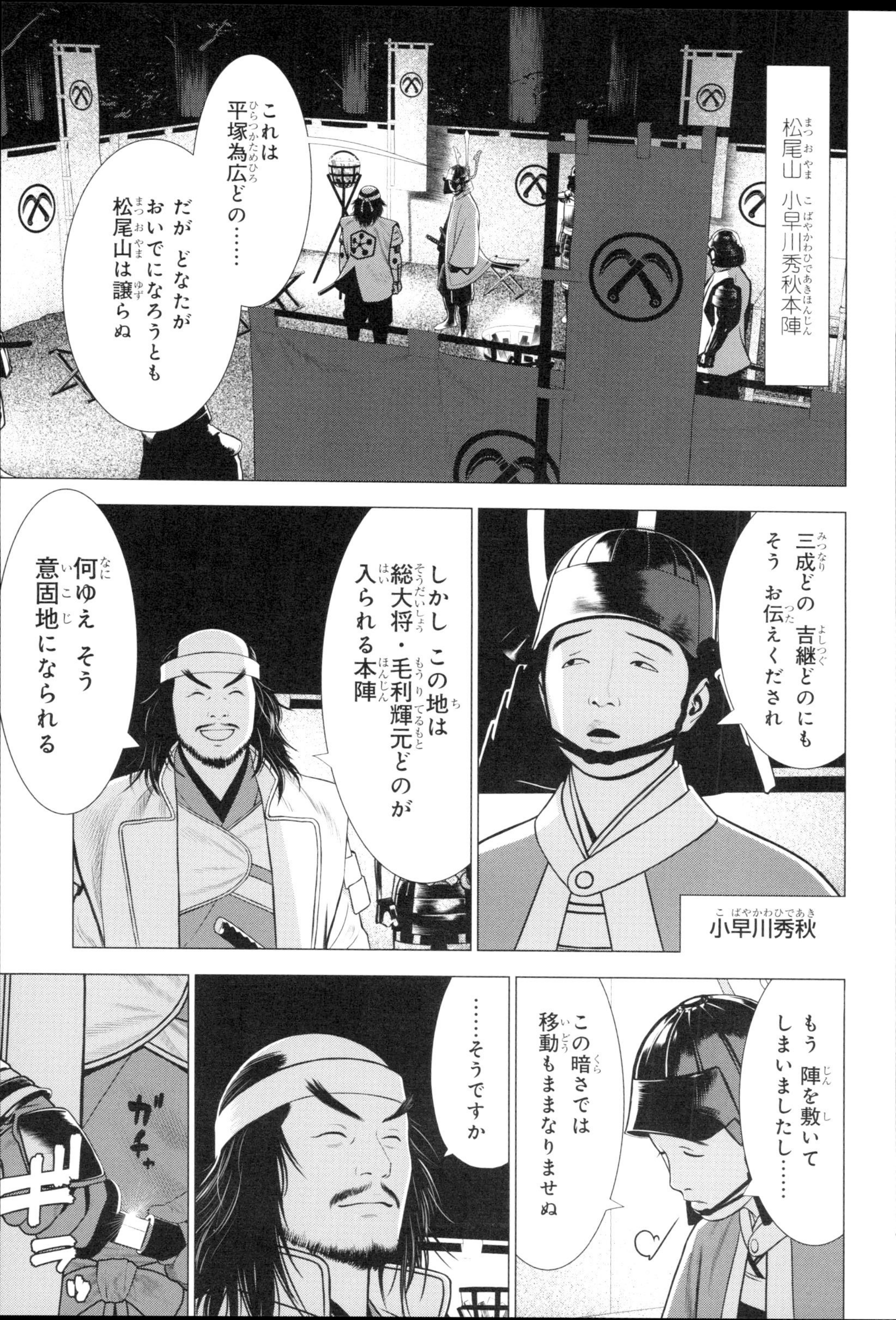
松尾山《まつおやま》 小早川秀秋本陣《こばやかわひであきほんじん》
これは 平塚為広《ひらつかためひろ》どの……
だが どなたが おいでになろうとも 松尾山《まつおやま》は譲《ゆず》らぬ
三成《みつなり》どの 吉継《よしつぐ》どのにも そう お伝《つた》えくだされ
小早川秀秋《こばやかわひであき》
しかし この地《ち》は 総大将《そうだいしょう》・毛利輝元《もうりてるもと》どのが 入《はい》られる本陣《ほんじん》
何《なに》ゆえ そう 意固地《いこじ》になられる
もう 陣《じん》を敷《し》いて しまいましたし……
この暗《くら》さでは 移動《いどう》もままなりませぬ
……そうですか
ガチャ

不退転《ふたいてん》…決《けっ》して屈《くっ》しないこと。

この為広《ためひろ》
松尾山《まつおやま》の麓《ふもと》に陣取《じんど》り
秀秋《ひであき》めが寝返《ねがえ》ったなら
命《いのち》にかえて
食《く》い止《と》める所存《しょぞん》!
グググッ
……
では
ともに
おお!
ギュッ
小早川《こばやかわ》を味方《みかた》に留《とど》められれば
それでよし 出来《でき》ぬ時《とき》は
……それも天命《てんめい》……
九月《がつ》十五日《にち》 早朝《そうちょう》
夜《よる》からの濃霧《のうむ》は関ヶ原《せきがはら》に
異様《いよう》な静《しず》けさを呈《てい》していた

霧《きり》がーー
パン
パパ…

晴《は》れてくる
パーパーン
スー
ドドォ
ワァァァァー

始《はじ》まったか!
東軍《とうぐん》
何《なに》するものぞ!
義《ぎ》は
我《われ》らにあり!!

西軍《せいぐん》は
皆殺《みなごろ》しだ!
福島隊《ふくしまたい》進《すす》め――!!
ワァッ
ア
ア
ア
ア
ア
ア
ドドドドドドドドドドドドドド

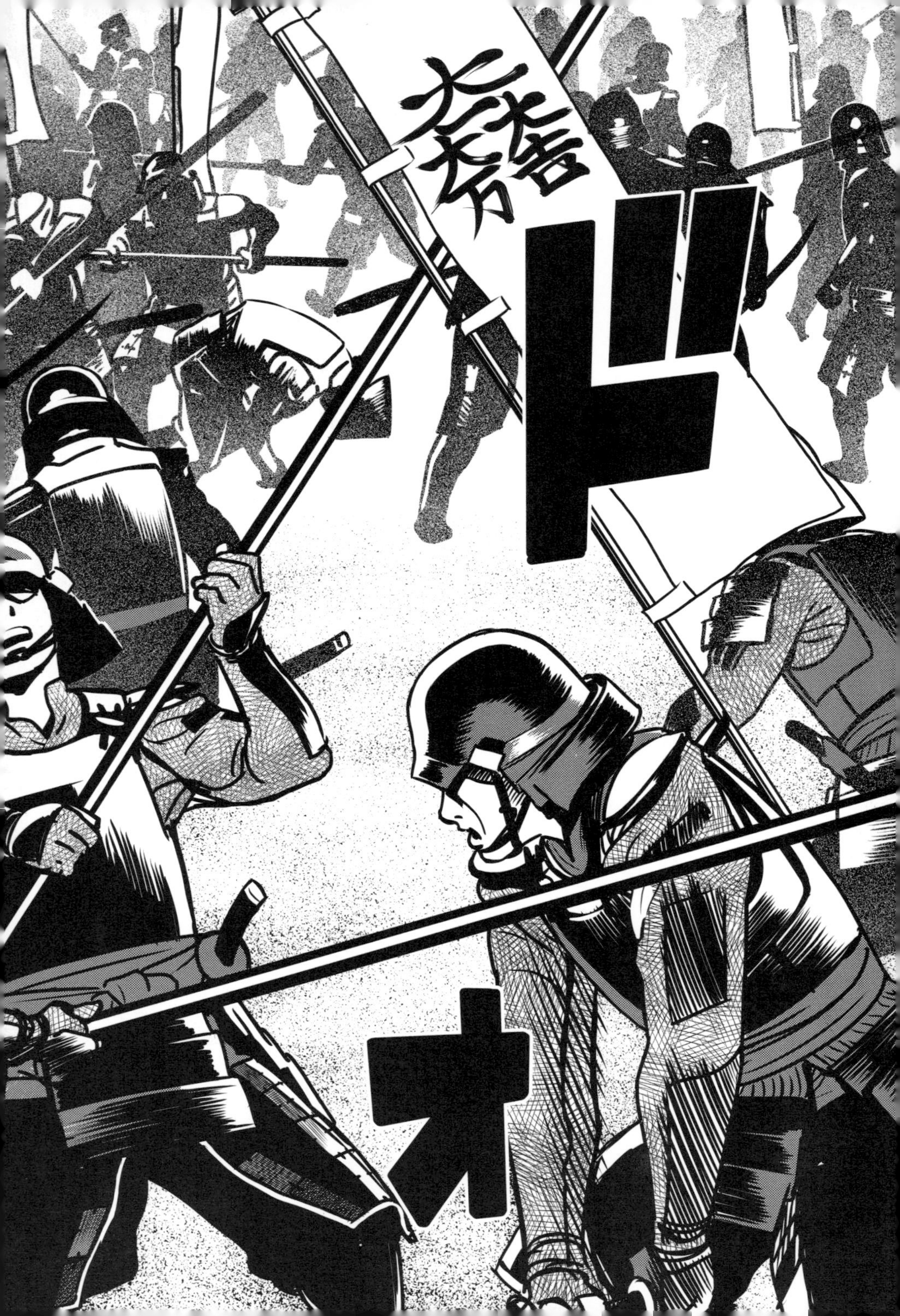
大一大万大吉
ド
オ

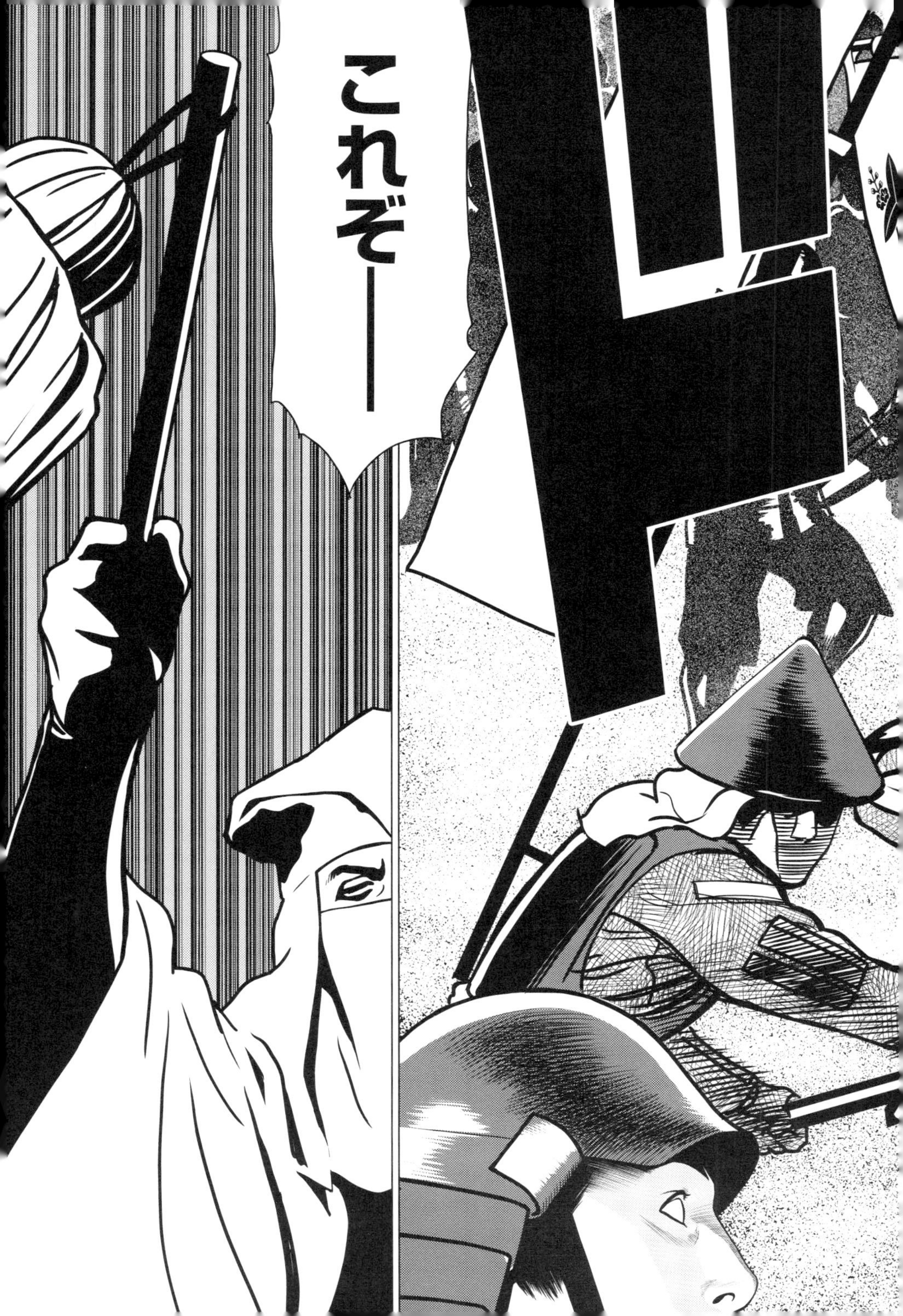
これぞ——

天下《てんか》分《わ》け目《め》の大戦《おおいくさ》！
万《まん》の兵《へい》の采配《さいはい》でござるぞ――
アアアア
秀吉《ひでよし》様《さま》っ……!!
オォォォォォ
西軍《せいぐん》の大谷吉継《おおたによしつぐ》・石田三成《いしだみつなり》・小西行長《こにしゆきなが》・宇喜多秀家《うきたひでいえ》らは必死《ひっし》で戦《たたか》い 戦《いくさ》を優勢《ゆうせい》に進《すす》めた
なんと……
吉継《よしつぐ》め……
やりおる……

──しかし
西軍総大将《せいぐんそうだいしょう》の毛利勢《もうりぜい》はいつ動《うご》くのだ!?
長宗我部盛親《ちょうそかべもりちか》
毛利《もうり》の殿《との》も我《われ》らも動《うご》くわけにはいかぬ……
吉川広家《きっかわひろいえ》
……
島津義弘《しまづよしひろ》
西軍《せいぐん》十万《まん》のうち半数以上《はんすういじょう》が未《いま》だ動《うご》かなかったのである
ザッ
ザッ
小早川《こばやかわ》どの!
ガシャ
ガシャ
ガシャ
石田《いしだ》どの……
今《いま》こそ……
今《いま》こそ そなたが動《うご》けば戦《いくさ》は西軍《せいぐん》の勝《か》ちですぞ!
スッ

このとおりです！
石田《いしだ》どの！お顔《かお》をお上《あ》げください！
では！
わ わかった……
かたじけない！
これで豊臣《とよとみ》の勝利《しょうり》です！
ガシャ
……
ガシャ
ガシャ
……俺《おれ》を捨《す》てた
豊臣《とよとみ》の勝利《しょうり》だと？
朝《あさ》に始《はじ》まった合戦《かっせん》は乱戦《らんせん》となり
刻《とき》は正午《しょうご》となった
ドドーン

あの音《おと》は……
小早川《こばやかわ》に徳川《とくがわ》が一斉射撃《いっせいしゃげき》をしたようですが……
小早川隊《こばやかわたい》が動《うご》きだしました！
おお……やっと……
それが……
我《わ》が西軍《せいぐん》に突入《とつにゅう》して来《き》ます！
な……何《なに》!?

ドドオッ
ド
やはり！
来《き》たか小早川《こばやかわ》ぁ！
オオ
返《かえ》り討《う》ちじゃ！
ッ

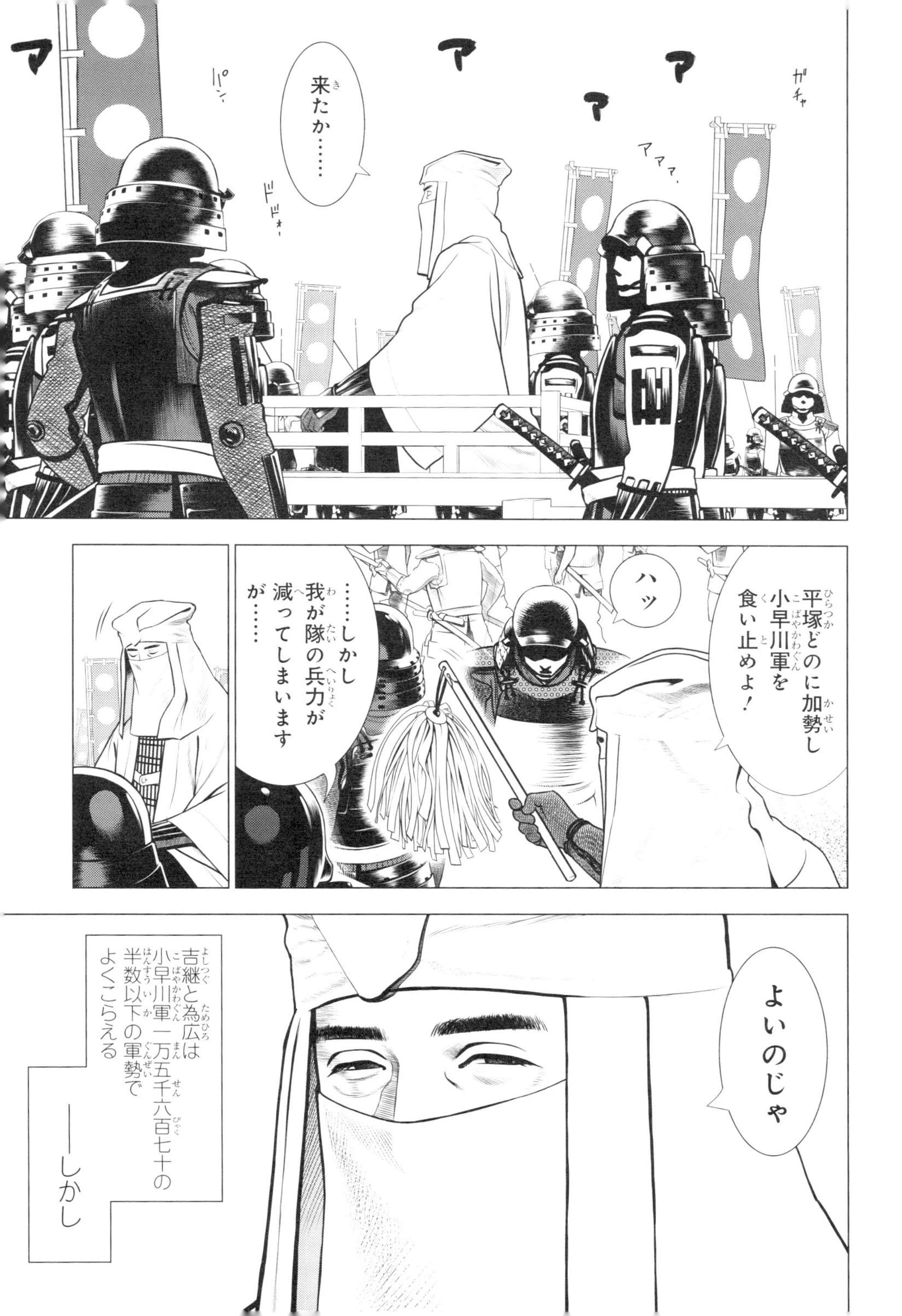
ガチャ
ア
ア
ア
アアア
来《き》たか……
パン
ドドォ
ア
平塚《ひらつか》どのに加勢《かせい》し小早川軍《こばやかわぐん》を食《く》い止《と》めよ！
ハッ
……しかし我《わ》が隊《たい》の兵力《へいりょく》が減《へ》ってしまいますが……
よいのじゃ
吉継《よしつぐ》と為広《ためひろ》は小早川軍《こばやかわぐん》一万《まん》五千《せん》六百《ぴゃく》七十の半数以下《はんすういか》の軍勢《ぐんぜい》でよくこらえる
——しかし

六道《ろくどう》の辻《つじ》…死《し》んだ者《もの》が行《い》くと仏教《ぶっきょう》で考《かんが》えられている、六種《しゅ》の世界《せかい》（地獄道《じごくどう》・餓鬼道《がきどう》・畜生道《ちくしょうどう》・修羅道《しゅらどう》・人間道《にんげんどう》・天道《てんどう》）への分《わ》かれ道《みち》。

……そうか
平塚《ひらつか》どのも……
皆《みな》 すまぬが一人《ひとり》ずつ名《な》を名乗《なの》ってくれ
わしは目《め》が見《み》えぬ

湯浅五助《ゆあさごすけ》
三浦喜太夫《みうらきだゆう》
土屋守四郎《つちやもりしろう》……
諸角余市《もろずみよいち》
これよりは皆《みな》 それぞれに生《い》き延《の》びる道《みち》を探《さが》せ――
……この顔《かお》を人目《ひとめ》にさらすことは耐《た》えがたい
拙者《せっしゃ》が……
うむ

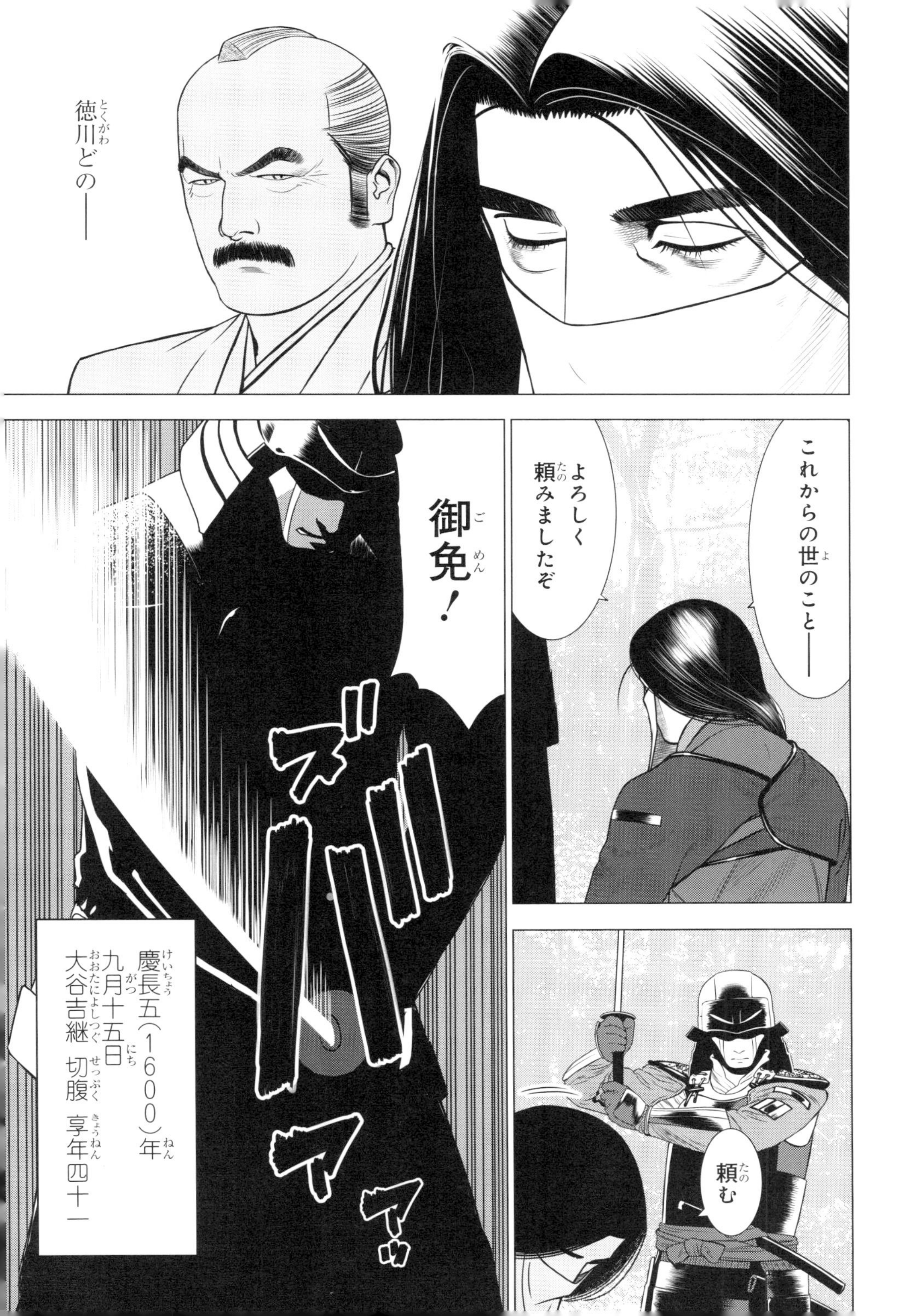
徳川《とくがわ》どの――
これからの世《よ》のこと――
よろしく
頼《たの》みましたぞ
御免《ごめん》!
ズバァァッ
頼《たの》む
慶長《けいちょう》五(1600)年《ねん》
九月《がつ》十五日《にち》
大谷吉継《おおたによしつぐ》 切腹《せっぷく》 享年《きょうねん》四十一

ワァァァ・
ズバァッ
ドォ・
ハッ
ハッ
ハッ
東軍《とうぐん》 藤堂高刑《とうどうたかのり》（藤堂高虎《とうどうたかとら》の甥《おい》）
パン パン
何《なに》を埋《う》めた？
ビクッ
お おのれ！

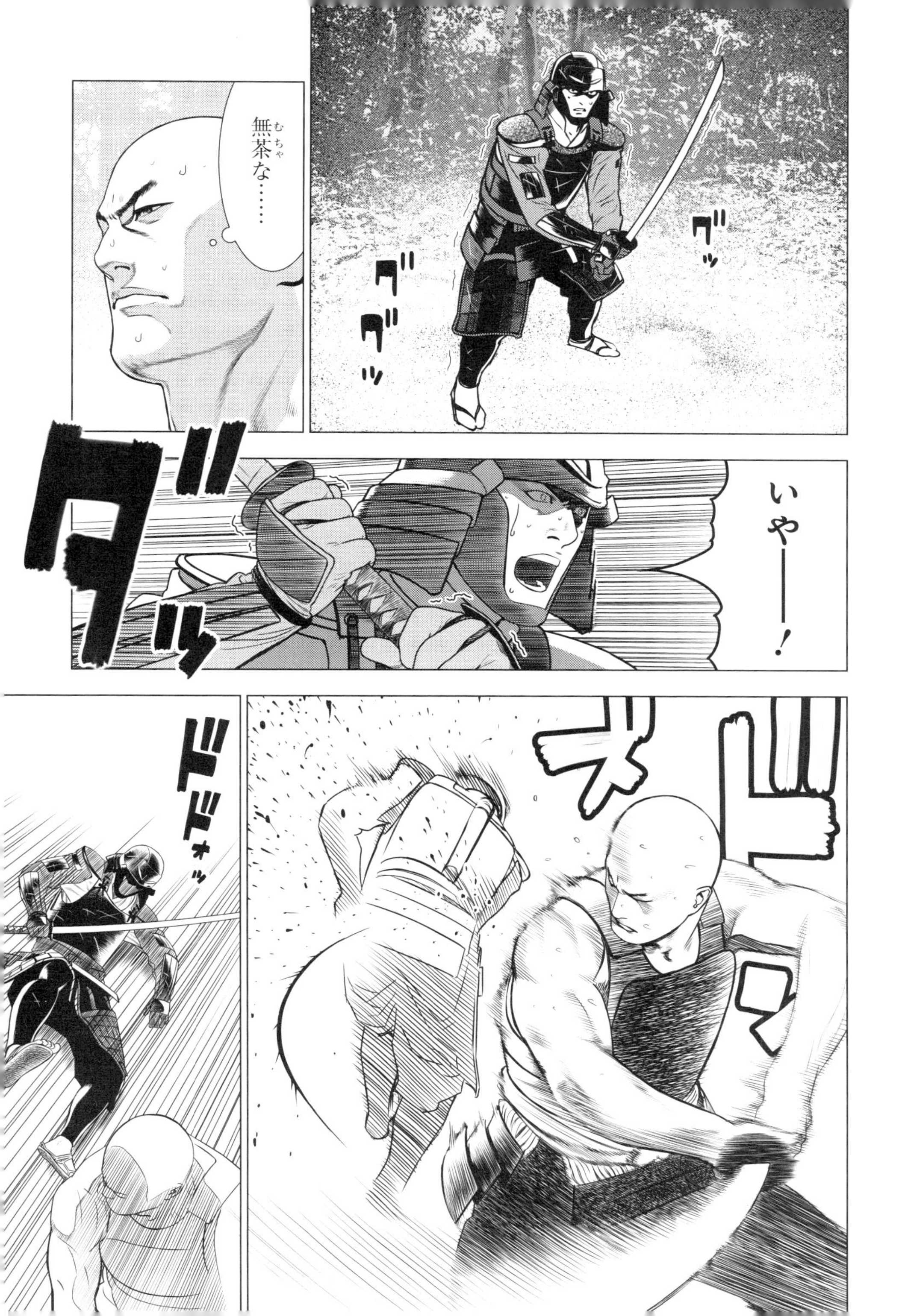
グッ
グ
グ
グッ
無茶《むちゃ》な……
いやーー!
ダッ
ドドドォッ
ズドッ

……た……
頼《たの》みがある……
拙者《せっしゃ》は大谷家《おおたにけ》の湯浅五助《ゆあさごすけ》……
構《かま》えて わしの行《おこな》い見《み》なかったことにしてほしい……
代《か》わりに我《わ》が首《くび》を！
ガバッ
頼《たの》む……
殿《との》……今参《いままい》りますぞ
チャッ
ドサ

戦《いくさ》は東軍《とうぐん》の
大勝利《だいしょうり》であった
当時《とうじ》 世界《せかい》に類《るい》を見《み》ない規模《きぼ》の
天下分《てんかわ》け目《め》の大戦《おおいくさ》は なぜか
一日《にち》足《た》らずで終《お》わったのである
……
この湯浅五助《ゆあさごすけ》の首《くび》が
吉継《よしつぐ》の代《か》わりと申《もう》すか

は
そちは吉継《よしつぐ》の首《くび》のありかを存《ぞん》じておろう
この者《もの》と固《かた》く約定《やくじょう》いたしました
どうしてもと申《もう》されるならそれがしの首《くび》を――
……それには及《およ》ばぬ
大儀《たいぎ》であった
大谷吉継《おおたによしつぐ》本陣跡《ほんじんあと》
……
おお！長政《ながまさ》
よう来《き》たよう来《き》た

この戦《いくさ》 勝《か》てたのは そちのおかげじゃ!
大義《たいぎ》!
しかし 此度《こたび》の戦《いくさ》 長期戦《ちょうきせん》となれば 日本《ひのもと》は再《ふたた》び乱世《らんせい》となったやもしれませぬ……
それが たった半日《はんにち》たらずで 勝負《しょうぶ》がついた
戦《いくさ》を このように進《すす》めたのは 誰《だれ》であったか……
私《わたし》には 吉継《よしつぐ》どのの采配《さいはい》が……
………
ハッ

もう
よいではないか
この戦《いくさ》を本当《ほんとう》に差配《さはい》したのが誰《だれ》かなど――
我々《われわれ》だけが知《し》っておればよいのじゃ

大谷吉継《おおたによしつぐ》を知るための
基《き》礎《そ》知《ち》識《しき》

解説《かいせつ》

加来耕三《かくこうぞう》

人《ひと》をあれこれともてなすことを、日本《にほん》では昔《むかし》から「馳走《ちそう》」といった。「馳走《ちそう》」と聞《き》けば、多《おお》くは料理《りょうり》を思《おも》い浮《う》かべるが、武士《ぶし》が「馳走《ちそう》する」というときは、ときに己《おの》が一命《いちめい》を投《な》げ出《だ》すことを指《さ》した。

慶長《けいちょう》五（一六〇〇）年《ねん》九月《がつ》十五日《にち》の関ケ原《せきがはら》の合戦《かっせん》——。

このとき、輿《こし》に乗《の》って約千《やくせん》五百《ひゃく》の軍勢《ぐんぜい》を陣頭指揮《じんとうしき》し、緒戦《しょせん》(1)の西軍善戦《せいぐんぜんせん》を実現《じつげん》したのが、大谷刑部少輔吉継《おおたにぎょうぶしょうゆうよしつぐ》であった。吉継《よしつぐ》は西軍《せいぐん》の主将《しゅしょう》・石田三成《いしだみつなり》に、一合戦《ひとかっせん》を「馳走《ちそう》」したのだが、この時《とき》、吉継《よしつぐ》はほとんど目《め》が見《み》えなかった。白《しろ》い布《ぬの》で顔《かお》を包《つつ》み、すでに満身病《まんしんやまい》（ハンセン病《びょう》）に冒《おか》され、常人《じょうじん》ならばとても戦場《せんじょう》に出《で》られるような病状《びょうじょう》ではなかった。

だが彼《かれ》は、懸命《けんめい》の精神力《せいしんりょく》で己《おのれ》を叱咤激励《しったげきれい》し、率先垂範《そっせんすいはん》(2)しながら、戦場《せんじょう》を駆《か》けめぐる。そして、中山道《なかせんどう》に面《めん》した山中村《やまなかむら》（現《げん》・岐阜県不破《ぎふけんふわ》郡関ケ原町山中《ぐんせきがはらちょうやまなか》）付近《ふきん》に布陣《ふじん》した吉継《よしつぐ》は、平塚為広《ひらつかためひろ》、戸田重政《とだしげまさ》、木下頼継《きのしたよりつぐ》らとともに、中山道《なかせんどう》を挟《はさ》んだ南側《みなみがわ》の松尾山山麓《まつおやまさんろく》にある脇坂安《わきざかやす》

(1) 緒戦《しょせん》…戦《たたか》いのはじめの段階《だんかい》。

(2) 率先垂範《そっせんすいはん》…先《さき》に立《た》って模範《もはん》を示《しめ》すこと。

治《はる》、朽木元綱《くつきもとつな》、小川祐忠《おがわすけただ》、赤座直保《あかざなおやす》らの兵《へい》をも統率《とうそつ》して、東軍《とうぐん》の諸《しょ》隊《たい》を翻弄《ほんろう》した。

最初《さいしょ》に激突《げきとつ》した東軍《とうぐん》・寺沢広高《てらざわひろたか》の軍勢《ぐんぜい》を一蹴《いっしゅう》した吉継《よしつぐ》は、味方《みかた》の主力《しゅりょく》・宇喜多秀家《うきたひでいえ》の軍勢《ぐんぜい》を側面《そくめん》から救援《きゅうえん》すべく軍配《ぐんばい》を上《あ》げ、東軍《とうぐん》の藤堂高虎《とうどうたかとら》、京極高知《きょうごくたかとも》の二隊《たい》と遭遇《そうぐう》して死闘《しとう》をくり広《ひろ》げる。

兵力《へいりょく》は圧倒的《あっとうてき》に東軍《とうぐん》が優勢《ゆうせい》であったが、吉継《よしつぐ》は冷静沈着《れいせいちんちゃく》に戦陣《せんじん》を指《し》揮《き》し、敵勢《てきせい》を二度《ど》までも押《お》し返《かえ》すことに成功《せいこう》した。

「さぁ、あとひと息《いき》ぞ――」

吉継《よしつぐ》が周囲《しゅうい》の者《もの》にそういった、まさにその時《とき》であった。

味方《みかた》の小早川秀秋《こばやかわひであき》がふいに東軍《とうぐん》へ寝返《ねがえ》り、伸《の》びきった大谷隊《おおたにたい》の側面《そくめん》を衝《つ》いて銃撃《じゅうげき》を加《くわ》えつつ、一万《まん》五千《せん》余《よ》の兵力《へいりょく》をもって、突貫《とっかん》を敢行《かんこう》してきたのである。が、吉継《よしつぐ》は泰然自若《たいぜんじじゃく》（3）としていた。

「やはり、裏切《うらぎ》りおったか――」

かねて、このことがあるかもしれない、と読《よ》んでいた彼《かれ》は、ほとんど奇術《きじゅつ》のごとき巧緻《こうち》（4）な采配《さいはい》によって、自軍《じぐん》を崩壊《ほうかい》させずに、逆《ぎゃく》に小早《こばや》

（3）泰然自若《たいぜんじじゃく》…落《お》ち着《つ》いて、少《すこ》しも物事《ものごと》に動《どう》じないさま。

（4）巧緻《こうち》…精巧《せいこう》で緻密《ちみつ》なこと。

川勢《かわぜい》を跳《は》ね返《かえ》した。奇跡《きせき》であった。味方千《みかたせん》五百《ひゃく》の軍勢《ぐんぜい》の中《なか》で、大谷隊《おおたにたい》はわずかに六百《びゃく》ばかりでしかなかったにもかかわらず、である。

当然《とうぜん》のことながら、押《お》し返《かえ》された小早川《こばやかわ》に代《か》わり、藤堂《とうどう》・京極《きょうごく》の兵《へい》も、二度《ど》三度《ど》と来襲《らいしゅう》した。土台《どだい》、兵力《へいりょく》がちがいすぎた。さしもの吉《よし》継指揮下《つぐしきか》の精鋭《せいえい》も、二十倍《ばい》にも及《およ》ぶ敵勢《てきせい》に疲労《ひろう》の色《いろ》が濃《こ》くなってくる。

それでも吉継《よしつぐ》はかろうじて戦線《せんせん》を維持《いじ》し、いまだ自軍《じぐん》は、崩《くず》れてはいなかった。ところが、ここで名将吉継《めいしょうよしつぐ》をもってしても、支《ささ》えようのない事態《じたい》が起《お》きる。自軍《じぐん》の脇坂《わきざか》・朽木《くつき》・小川《おがわ》・赤座《あかざ》の四隊《たい》が、突然《とつぜん》に鉾先《ほこさき》を味方《みかた》の戸田《とだ》・平塚両隊《ひらつかりょうたい》に向《む》け、攻撃《こうげき》を仕掛《しか》けてきたのだ。

「彼奴輩《きゃつら》(5)までもが……」

見《み》えぬ目《め》を見開《みひら》くように、吉継《よしつぐ》が現状《げんじょう》を把握《はあく》しようとしたとき、当《とう》の脇坂隊《わきざかたい》が、小早川勢《こばやかわぜい》と膠着状態《こうちゃくじょうたい》(6)にあった大谷隊《おおたにたい》の側面《そくめん》に突《つ》っ込《こ》んできた。さしもの大谷隊《おおたにたい》も、この一撃《いちげき》を受《う》けて壊滅的《かいめつてき》となり、吉継《よしつぐ》の家臣《かしん》たちは次々《つぎつぎ》と倒《たお》れ、討死《うちじに》していった。

西軍《せいぐん》の将《しょう》・平塚為広《ひらつかためひろ》や戸田重政《とだしげまさ》も、壮絶《そうぜつ》な戦死《せんし》を遂《と》げている。

(5)彼奴輩《きゃつら》…第三者《だいさんしゃ》を罵《ののし》ったり、親《した》しみを込《こ》めて言《い》う語《ご》の複数形《ふくすうけい》。やつら。

(6)膠着《こうちゃく》…物事《ものごと》がある状態《じょうたい》のまま変化《へんか》しないこと。

戦局《せんきょく》はこの時《とき》、一変《いっぺん》した。家臣《かしん》の湯浅五助《ゆあさごすけ》（五郎《ごろう》とも）の状況説明《じょうきょうせつめい》を聞《き》いた吉継《よしつぐ》は、それでも冷静《れいせい》に顔色一《かおいろひと》つ変《か》えなかった。

「もはやこれまでか……」

淡々《たんたん》とそう口《くち》にすると、別段《べつだん》、慌《あわ》てる様子《ようす》もなく、生《い》き残《のこ》った家臣《かしん》を集《あつ》め、一人《ひとり》ひとりに名《な》を告《つ》げさせて、戦線《せんせん》を離脱《りだつ》させ、己《おの》が顔《かお》を、人目《ひとめ》につかぬように処置《しょち》してほしい、と残《のこ》った五助《ごすけ》にいい残《のこ》し、介錯《かいしゃく》(7)を命《めい》じると、自《みずか》らは潔《いさぎよ》く自刃《じじん》を遂《と》げた。吉継《よしつぐ》の享年《きょうねん》は、四十二であったという（諸説《しょせつ》もある）。

関ケ原《せきがはら》の合戦《かっせん》で西軍中《せいぐんちゅう》、真《しん》に死力《しりょく》を尽《つ》くして戦《たたか》ったのは石田三成《いしだみつなり》、宇喜多秀家《うきたひでいえ》、小西行長《こにしゆきなが》、そして大谷吉継《おおたによしつぐ》の軍勢《ぐんぜい》であったが、これらの将《しょう》のなかで、関ケ原《せきがはら》において見事《みごと》な最期《さいご》を遂《と》げたのは吉継《よしつぐ》だけであった。三成《みつなり》、行長《ゆきなが》はのちに刑死《けいし》し、秀家《ひでいえ》は八丈島《はちじょうじま》(8)に流罪《るざい》(9)となっている。

それだけに吉継《よしつぐ》の人気《にんき》は、判官贔屓《ほうがんびいき》(10)も手伝《てつだ》って、今日《こんにち》まで一定《いってい》のファンに圧倒的《あっとうてき》な支持《しじ》を得《え》てきたといえなくもない。

石田三成《いしだみつなり》との友誼《ゆうぎ》(11)に殉《じゅん》じた仁《じん》と義《ぎ》の武将《ぶしょう》、また、〝悲劇《ひげき》の智将《ちしょう》〟と

(7)介錯《かいしゃく》…切腹《せっぷく》する人《ひと》の首《くび》を斬《き》って、その死《し》を助《たす》けてやること。

(8)八丈島《はちじょうじま》…東京都八丈町《とうきょうとはちじょうちょう》。東京《とうきょう》から約《やく》二百九十キロ南《みなみ》の海上《かいじょう》にある伊豆諸島《いずしょとう》の島《しま》。

(9)流罪《るざい》…罪人《ざいにん》を辺境《へんきょう》の島《しま》に送《おく》る刑《けい》。遠島《えんとう》。

(10)判官贔屓《ほうがんびいき》…弱者《じゃくしゃ》や敗者《はいしゃ》に同情《どうじょう》し応援《おうえん》すること。判官《ほうがん》は悲劇《ひげき》の英雄《えいゆう》・源義経《みなもとのよしつね》が朝廷《ちょうてい》から賜《たまわ》った官職《かんしょく》で、もとの意《い》は、義経《よしつね》に同情《どうじょう》すること。

(11)友誼《ゆうぎ》…友情《ゆうじょう》のこと。

冠《かんむり》がつけられる所以《ゆえん》もこの辺《あた》りにあったろう。

加《くわ》えて筆者《ひっしゃ》には、自害《じがい》する瞬間《しゅんかん》に吉継《よしつぐ》は、晴々《はればれ》とした顔《かお》をして、満《まん》面《めん》に笑《え》みを浮《う》かべていたように思《おも》われてならない。なぜならば、彼《かれ》は"天《てん》下《か》分《わ》け目《め》"の決戦《けっせん》をことごとく、演出《えんしゅつ》した人物《じんぶつ》であったからだ。

軍師《ぐんし》としての智謀《ちぼう》(12)の才《さい》は、天下《てんか》に並《なら》ぶもののないものを持《も》ちながら、吉継《よしつぐ》は立身出世《りっしんしゅっせ》するごとに、本来《ほんらい》の己《おのれ》の志《こころざし》とは異《こと》なる道《みち》を、好《この》むと否《いな》とにかかわらず、歩《ある》かされた形跡《けいせき》があった。さぞ、不本意《ふほんい》であったろう。

この武将《ぶしょう》の出自《しゅつじ》や生誕《せいたん》など、その前半生《ぜんはんせい》の多《おお》くは、いまだ定説《ていせつ》が一《いっ》本化《ぽんか》していない。謎《なぞ》につつまれているといってよい。

近江湖北《おうみこほく》(現《げん》・滋賀県北部《しがけんほくぶ》)の、伊香郡大谷《いかぐんおおたに》(小谷《おおたに》、または大田《おおた》谷《に》)村《むら》(現《げん》・滋賀県長浜市《しがけんながはまし》)の出身《しゅっしん》との説《せつ》もあれば、青蓮院《しょうれんいん》(13)門跡《もんぜき》(14)の坊《ぼう》官《かん》(寺院《じいん》に仕《つか》える僧形《そうぎょう》の事務官《じむかん》)の家系《かけい》とも、桓武平氏《かんむへいし》(15)の流《なが》れで豊後《ぶんご》(現《げん》・大分県《おおいたけん》の大半《たいはん》)の大名《だいみょう》・大友宗麟《おおともそうりん》の家臣《かしん》である大谷盛治《おおたにもりはる》の子《こ》だとの説《せつ》もあった。

生年《せいねん》も、古《ふる》くは永禄《えいろく》二(一五五九)年説《ねんせつ》が主流《しゅりゅう》で、十四歳頃《さいごろ》に羽《は》

(12)智謀《ちぼう》…知恵《ちえ》のある巧《たく》みなはかりごと。

(13)青蓮院《しょうれんいん》…現在《げんざい》の京都府京都《きょうとふきょうと》市東山区粟田口三条坊町《しひがしやまくあわたぐちさんじょうぼうちょう》にある天台宗《てんだいしゅう》の寺《てら》。

(14)門跡《もんぜき》…皇族《こうぞく》・公家《くげ》などが出家《しゅっけ》して代々入《だいだいはい》る寺院《じいん》。

(15)桓武平氏《かんむへいし》…第五十代天皇《だいごじゅうだいてんのう》である桓武天皇《かんむてんのう》の子孫《しそん》で、平《たいら》の姓《せい》を賜《たまわ》った家系《かけい》。

柴《しば》（のち豊臣《とよとみ》）秀吉《ひでよし》に召《め》し抱《かか》えられ、歴史《れきし》の表舞台《おもてぶたい》の脇《わき》に登場《とうじょう》したとされてきた（近年《きんねん》は永禄《えいろく》八〈一五六五〉年説《ねんせつ》が有力視《ゆうりょくし》されているが）。

右《みぎ》の説《せつ》をとれば、吉継《よしつぐ》は石田三成《いしだみつなり》より五歳《さい》の年下《としした》となり、長浜城《ながはまじょう》主時代《しゅじだい》の秀吉《ひでよし》に仕《つか》え、中国方面軍司令官《ちゅうごくほうめんぐんしれいかん》として活躍《かつやく》した秀吉《ひでよし》の傍《かたわ》らにあって、吉継《よしつぐ》は〝御馬廻衆《おうままわりしゅう》〟(16)としてその名《な》を記《しる》されるようになる。

ところが、賤ケ岳《しずがたけ》の合戦《かっせん》で一番槍《いちばんやり》の功名《こうみょう》として喧伝《けんでん》される、〝七本《しちほん》槍《やり》〟には吉継《よしつぐ》の名《な》はなく――『一柳家記《ひとつやなぎかき》』(17)には、戦功《せんこう》のあった先陣小《せんじんこ》姓《しょう》十四人《にん》のなかに、名《な》はあるものの、当時《とうじ》、佐和山城《さわやまじょう》（現《げん》・滋賀県《しがけん》彦根市《ひこねし》）にあった堀秀政《ほりひでまさ》と称名寺《しょうみょうじ》（現《げん》・滋賀県長浜市《しがけんながはまし》）がもめたおり、秀吉《ひでよし》の使者《ししゃ》として秀政《ひでまさ》を説得《せっとく》したあたりから、吉継《よしつぐ》は軍事《ぐんじ》の前線《ぜんせん》からはずされ、軍政《ぐんせい》や行政面《ぎょうせいめん》の仕事《しごと》を振《ふ》り当《あ》てられるようになっていく。

天正《てんしょう》十三（一五八五）年《ねん》七月《がつ》十一日《にち》、秀吉《ひでよし》の関白就任《かんぱくしゅうにん》にともなう参内《さんだい》の儀式《ぎしき》において、秀吉麾下《ひでよしきか》(18)の十二名《めい》の武将《ぶしょう》が大夫《たいふ》(19)に叙任《じょにん》(20)された。

このとき吉継《よしつぐ》は刑部少輔《ぎょうぶしょうゆう》となり、石田三成《いしだみつなり》は治部少輔《じぶしょうゆう》(21)となっている。

二人《ふたり》は秀吉《ひでよし》にとって、きたるべき豊臣政権《とよとみせいけん》における、天下《てんか》の仕置《しおき》を

(16)御馬廻衆《おうままわりしゅう》…大将《たいしょう》の馬《うま》の周囲《しゅうい》を警護《けいご》する騎馬武者《きばむしゃ》の親衛隊《しんえいたい》。武芸《ぶげい》に秀《ひい》でた者《もの》が集《あつ》められた。

(17)『一柳家記《ひとつやなぎかき》』…小野藩《おのはん》（現在《げんざい》の兵庫県小野市《ひょうごけんおのし》に藩庁《はんちょう》を置《お》いた藩《はん》）や小松藩《こまつはん》（現在《げんざい》の愛媛県西条市《えひめけんさいじょうし》に藩庁《はんちょう》を置《お》いた藩《はん》）の藩主《はんしゅ》となった一柳家《ひとつやなぎけ》の由緒書《ゆいしょがき》。豊臣秀吉《とよとみひでよし》の家臣《かしん》だった直末《なおすえ》・直盛兄弟《なおもりきょうだい》の戦功《せんこう》の記述《きじゅつ》を中心《ちゅうしん》に書《か》かれている。

(18)麾下《きか》…ある人物《じんぶつ》の指揮下《しきか》にあること。部下《ぶか》。

(19)大夫《たいふ》…朝廷《ちょうてい》の官職《かんしょく》の序列《じょれつ》を表《あらわ》す「位階《いかい》」が一位《い》から五位《い》までの者《もの》、特《とく》に五位《い》の者《もの》のこと。

(20)叙任《じょにん》…位階《いかい》を授《さず》け、官職《かんしょく》に任《にん》ずること。

(21)治部少輔《じぶしょうゆう》…朝廷《ちょうてい》の官職名《かんしょくめい》。秀吉《ひでよし》が配下《はいか》の者《もの》たちを権威《けんい》づけるために朝廷《ちょうてい》に任命《にんめい》させた。官人《かんじん》の儀礼《ぎれい》や結婚《けっこん》などをつかさどった治部省《じぶのしょう》の次官《じかん》の官位《かんい》。

任《まか》せうる期待《きたい》の官僚《かんりょう》、と認識《にんしき》されていたようだ。

吉継《よしつぐ》は自由都市《じゆうとし》・堺《さかい》(22)で行政《ぎょうせい》を担当《たんとう》し、その後《ご》の九州征討《きゅうしゅうせいとう》では兵站《へいたん》(23)奉《ぶ》行《ぎょう》をつとめ、ともに申《もう》し分《ぶん》のない仕事《しごと》ぶりを発揮《はっき》している。

天正《てんしょう》十七（一五八九）年《ねん》、彼《かれ》は越前敦賀城《えちぜんつるがじょう》（現《げん》・福井県敦賀市《ふくいけんつるがし》）の城主《じょうしゅ》となり、敦賀湊《つるがみなと》の保護《ほご》・育成《いくせい》をすすめ、その卓越《たくえつ》した行政手《ぎょうせいしゅ》腕《わん》を多方面《たほうめん》から認《みと》められた。が、吉継本人《よしつぐほんにん》は、そうした官僚《かんりょう》としての己《おのれ》を、いささかげんなりとした気分《きぶん》で眺《なが》めていた印象《いんしょう》が強《つよ》い。

北条氏政《ほうじょううじまさ》—氏直父子《うじなおふし》を討滅《とうめつ》(24)すべく、惹《ひ》き起《お》こされた小田原攻《おだわらぜ》めにおいて、吉継《よしつぐ》は事前《じぜん》に、徳川家康《とくがわいえやす》の帰趨《きすう》(25)を見定《みさだ》めてくるように、との秀《ひで》吉《よし》の内意《ないい》を奉《ほう》じて駿府《すんぷ》（現《げん》・静岡県静岡市《しずおかけんしずおかし》）に赴《おもむ》き、みごと家康《いえやす》の、小田原攻《おだわらぜ》めの賛同《さんどう》を見極《みきわ》める大役《たいやく》を果《は》たしながら、それだけでは喜《よろこ》ばずに北条方《ほうじょうがた》の属城《ぞくじょう》を攻略《こうりゃく》する、一方《いっぽう》の将《しょう》としての出陣《しゅつじん》を願《ねが》い出《で》ている。

翌天正《よくてんしょう》十八（一五九〇）年七月五日《ねんがついつか》、北条氏《ほうじょうし》の主城《しゅじょう》・小田原城《おだわらじょう》が降伏開城《こうふくかいじょう》するや、時《とき》をおかず秀吉《ひでよし》は軍勢《ぐんぜい》を会津《あいづ》に向《む》けた。奥州《おうしゅう》の仕《し》置《おき》を行《おこな》うためで、吉継《よしつぐ》はこの決定《けってい》に従《したが》って太閤検地《たいこうけんち》(26)を実施《じっし》するため、

(22)堺《さかい》…現在《げんざい》の大阪府堺市《おおさかふさかいし》。

(23)兵站《へいたん》…戦争《せんそう》に必要《ひつよう》な人員《じんいん》や物資《ぶっし》を調達《ちょうたつ》、補給《ほきゅう》、整備《せいび》、運用《うんよう》するといった軍事活動《ぐんじかつどう》のこと。

(24)討滅《とうめつ》…うちほろぼすこと。

(25)帰趨《きすう》…行《い》き着《つ》くところ。ここでは、家康《いえやす》が小田原攻《おだわらぜ》めに参加《さんか》するか否《いな》かのこと。

(26)太閤検地《たいこうけんち》…秀吉《ひでよし》が全国的《ぜんこくてき》に行《おこな》った検地《けんち》。検地《けんち》とは領民《りょうみん》の年貢《ねんぐ》の量《りょう》を決《き》めるために、領内《りょうない》の田畑《たはた》などの面積《めんせき》や収穫量《しゅうかくりょう》を調《しら》べること。

上杉景勝《うえすぎかげかつ》の軍監《ぐんかん》(目付《めつけ》)として庄内《しょうない》・最上地方《もがみちほう》(現《げん》・山形県《やまがたけん》)、由利《ゆり》・仙北地方《せんぼくちほう》(現《げん》・秋田県《あきたけん》)を任《まか》される。実際《じっさい》に検地《けんち》するのは代官《だいかん》(27)だが、吉継《よしつぐ》はこのときも蜂起《ほうき》した一揆勢《いっきぜい》(28)を、平定《へいてい》する軍事《ぐんじ》に嬉々《きき》として参陣《さんじん》していた。

しかし、武将《ぶしょう》の本懐《ほんかい》である合戦働《かっせんばたら》き——たとえば朝鮮出兵《ちょうせんしゅっぺい》のときでも、吉継《よしつぐ》は渡海遠征軍《とかいえんせいぐん》の本営《ほんえい》にあって奉行《ぶぎょう》をつとめ、渡海《とかい》してからもその役割《やくわり》は、ついに軍監《ぐんかん》の域《いき》を出《で》なかった。文禄《ぶんろく》二(一五九三)年《ねん》五月八日《がつようか》、釜山《プサン》を出航《しゅっこう》し、同《どう》十五日《にち》に名護屋《なごや》に帰陣《きじん》している。

一方《いっぽう》において、吉継《よしつぐ》を蝕《むしば》みつつあった病魔《びょうま》は、情《なさ》け容赦《ようしゃ》なく進行《しんこう》していた。慶長《けいちょう》二(一五九七)年《ねん》九月二十四日《がつにじゅうよっか》、吉継《よしつぐ》は伏見《ふしみ》の自邸《じてい》に秀吉《ひでよし》や家康《いえやす》を招《まね》いて、いわば今生《こんじょう》の思《おも》い出《で》となる一世一代《いっせいちだい》のもてなしをしたが、このときも主人《しゅじん》の役《やく》は嫡子《ちゃくし》(養嗣子《ようしし》(29)とも)の大学助《だいがくのすけ》(諱《いみな》(30)は吉治《よしはる》、吉胤《よしたね》、吉勝《よしかつ》とも)が代行《だいこう》した。翌慶長《よくけいちょう》三(一五九八)年《ねん》の三月十五日《がつにち》、秀吉《ひでよし》が催《もよお》した醍醐《だいご》の花見《はなみ》にも、吉継《よしつぐ》は参加《さんか》していない。

——彼《かれ》は己《おのれ》に見合《みあ》う、死《し》に場所《ばしょ》を探《さが》していたのではあるまいか。

(27)代官《だいかん》…領主《りょうしゅ》の代《か》わりに職務《しょくむ》を行《おこな》う役人《やくにん》。

(28)一揆《いっき》…農民《のうみん》などが、領主《りょうしゅ》などの圧政《あっせい》に対《たい》して集団《しゅうだん》で反抗《はんこう》した運動《うんどう》。

(29)養嗣子《ようしし》…養子《ようし》で跡継《あとつ》ぎになった子《こ》。

(30)諱《いみな》…実名《じつめい》のこと。

肉体《にくたい》が朽《く》ち果《は》てる前《まえ》に、戦国武将《せんごくぶしょう》として華々《はなばな》しい合戦《かっせん》をしたい、と考《かんが》えた方《ほう》が、この武人《ぶじん》には似《に》つかわしく思《おも》われる。

家康《いえやす》との確執《かくしつ》のなかで、開戦《かいせん》を決意《けつい》する三成《みつなり》に、

「内府《だいふ》（家康《いえやす》）の威力《いりょく》は大《おお》きい。いま内府《だいふ》に刃向《はむ》かうのは、自滅以外《じめついがい》の何《なに》ものでもないぞ」

と、当初《とうしょ》は反対《はんたい》した吉継《よしつぐ》が、そのあと三日間考《みっかかんかんが》え抜《ぬ》いた結論《けつろん》は、

「事《こと》の勢《いきお》い、すでにここに至《いた》っては、如何《いかん》ともし難《がた》い。拙者《せっしゃ》も貴殿《きでん》と共《とも》に死《し》のう」

というものであった。吉継《よしつぐ》は、かつての茶会《ちゃかい》を思《おも》い出《だ》したという。

秀吉在世《ひでよしざいせ》[31]のころ、臣下列席《しんかれっせき》の茶会《ちゃかい》が頻繁《ひんぱん》に開《ひら》かれた。

そのいずれかであろう。病《やまい》の進《すす》んでいた吉継《よしつぐ》は、欠席《けっせき》をしたいと申《もう》し出《で》たが秀吉《ひでよし》は許《ゆる》さず、しかたなく出席《しゅっせき》した。回《まわ》される大型《おおがた》の茶碗《ちゃわん》が、吉継《よしつぐ》の前《まえ》にくる。人々《ひとびと》は固唾《かたず》を呑《の》んで、吉継《よしつぐ》の動作《どうさ》を見守《みまも》った。

皆《みな》、吉継《よしつぐ》の尋常《じんじょう》ならざる病《やまい》を知《し》っている。吉継《よしつぐ》は喫《きっ》[32]するふりをして、次《つぎ》へ茶碗《ちゃわん》を回《まわ》そうとしたが、このとき、何《なに》かが碗《わん》のなかへ落《お》ちた。

(31) 在世《ざいせ》…世《よ》に生《い》きていること。

(32) 喫《きっ》する…飲《の》む。食《た》べる。

居《い》ならぶ諸侯《しょこう》は、それを見《み》ないふりをしつつ見《み》て、吉継《よしつぐ》から回《まわ》された茶碗《ちゃわん》には口《くち》をつけず、飲《の》むふりをして次《つぎ》から次《つぎ》へと回《まわ》していく。

この間《かん》の、吉継《よしつぐ》のいたたまれなさはいかばかりであったろうか。

やがて茶碗《ちゃわん》が、三成《みつなり》のもとにきた。彼《かれ》は茶碗《ちゃわん》を手《て》にとると音《おと》を立《た》てて一気《いっき》に飲《の》み干《ほ》す。それを目《め》にした吉継《よしつぐ》は、心《こころ》の底《そこ》から誓《ちか》った。

「この男《おとこ》のためなら、死《し》んでやってもよい」

と。むろん、長年《ながねん》の三成《みつなり》への吉継《よしつぐ》の友情《ゆうじょう》にうそはあるまい。

が、その胸奥《きょうおう》に去来《きょらい》していたのは、朋友《ほうゆう》への情《じょう》、豊家《ほうけ》(33)への恩義《おんぎ》だけではなかったろう。おそらくは、より激《はげ》しく吉継《よしつぐ》を関ケ原《せきがはら》へ向《む》かわせたのは、天下人《てんかびと》たらんとする家康《いえやす》と、真正面《ましょうめん》から組《く》み得《え》ることの、武将《ぶしょう》としての本懐《ほんかい》、至福《しふく》の念《ねん》であったように思《おも》われてならない。

加《くわ》えて筆者《ひっしゃ》にはその、さらにもう一段《いちだん》、誰《だれ》もが考《かんが》えていなかった半日余《はんにちあまり》での関ケ原《せきがはら》の勝負《しょうぶ》、これをも計算《けいさん》していたのが、吉継《よしつぐ》ではなかったか、と推量《すいりょう》している。読者《どくしゃ》はいかがであろうか。

それにしても、奇跡《きせき》のような武将《ぶしょう》がいたものである。

(33)豊家《ほうけ》…豊臣家《とよとみけ》のこと。

豆知識《まめちしき》①

大谷吉継《おおたによしつぐ》の生年《せいねん》と父親《ちちおや》の謎《なぞ》とは!?

大谷吉継《おおたによしつぐ》は、謎《なぞ》の多《おお》い武将《ぶしょう》である。その生年《せいねん》も、父親《ちちおや》すらも確定《かくてい》されていない。『関原軍記大成《せきがはらぐんきたいせい》』(宮川尚古著《みやがわなおふるちょ》)に、「行年《ぎょうねん》(享年《きょうねん》)四十二歳《さい》」とあるから、ここから起算《きさん》すると、生《う》まれは永禄《えいろく》二(一五五九)年《ねん》となる。しかし、『兼見卿記《かねみきょうき》』(吉田兼見著《よしだかねみちょ》)には、北政所《きたのまんどころ》(おね)、東殿《ひがしどの》(吉継《よしつぐ》の母《はは》)、吉継《よしつぐ》の三者《さんしゃ》が、天正《てんしょう》二十(一五九二)年《ねん》に月神祈念《がつじんきねん》(素戔嗚尊《すさのおのみこと》に祈《いの》ること)を兼見卿《かねみきょう》に依頼《いらい》した、との記述《きじゅつ》があり、この時《とき》の吉継《よしつぐ》の年齢《ねんれい》が「廿《にじゅう》八才《はっさい》」とあるので、それならば吉継《よしつぐ》は永《えい》禄《ろく》八(一五六五)年生《ねんう》まれとなる。

この場合《ばあい》、吉継《よしつぐ》は石田三成《いしだみつなり》の五歳年下《さいとしした》ということになる。本書《ほんしょ》では、従来《じゅうらい》の永《えい》禄《ろく》二(一五五九)年説《ねんせつ》をとった。

父親《ちちおや》についても、多数《たすう》の異説《いせつ》がある。

まず、天台座主《てんだいざす》を代々輩出《だいだいはいしゅつ》した、青蓮《しょうれん》院門跡《いんもんぜき》の坊官《ぼうかん》(僧形《そうぎょう》の事務官《じむかん》)大谷家《おおたにけ》の系図《けいず》には、吉継《よしつぐ》が大谷泰珍《おおたにたいちん》の子《こ》としてある。

また、『古今武家盛衰記《ここんぶけせいすいき》』(黒川眞道《くろかわまみち》編《へん》)では、「吉継《よしつぐ》は大友宗麟《おおともそうりん》(諱《いみな》は義鎮《よししげ》)の家臣《かしん》・大谷盛治《おおたにもりはる》の子《こ》で、宗麟《そうりん》の没後《ぼつご》、流浪《るろう》していた吉継《よしつぐ》が三成《みつなり》の仲介《ちゅうかい》で、秀吉《ひでよし》が姫路城主《ひめじじょうしゅ》の時《とき》に仕官《しかん》した」という。

しかし、秀吉《ひでよし》の長浜城主時代《ながはまじょうしゅじだい》に、吉継《よしつぐ》が秀吉《ひでよし》に、東殿《ひがしどの》が北政所《きたのまんどころ》に仕《つか》えていたことはほぼ確実《かくじつ》なので、この説《せつ》にはいささか無理《むり》があるように思《おも》われる。

『姓氏家系大辞典《せいしかけいだいじてん》』(太田亮著《おおたあきらちょ》)の在原《ありわら》姓大谷《せいおおたに》氏系図《しけいず》には、近江《おうみ》の国衆《くにしゅう》・大谷吉《おおたによし》房《ふさ》の息子《むすこ》として、吉継《よしつぐ》が記《しる》されていた。

吉房《よしふさ》は六角義賢《ろっかくよしかた》(承禎《じょうてい》)に仕《つか》えていたとされる。義賢《よしかた》は最終的《さいしゅうてき》に秀吉《ひでよし》の御伽衆《おとぎしゅう》として仕《つか》えているので、秀吉《ひでよし》との繋《つな》がりがないわけではない。

もう一《ひと》つ、同《おな》じく在原姓大谷氏系図《ありわらせいおおたにしけいず》にある大谷行吉《おおたにゆきよし》(吉房《よしふさ》の高祖父《こうそふ》)が、文治《ぶんじ》年間《ねんかん》(一一八五~一一八九)に近江国伊《おうみのくにい》香郡大谷村《かぐんおおたにむら》(現《げん》・滋賀県長浜市余呉町小《しがけんながはましよごちょうおお》谷《たに》)に居住《きょじゅう》していたが、その子孫《しそん》である庄作《しょうさく》が、子《こ》のないのを憂《うれ》い、氏神《うじがみ》である八幡神社《はちまんじんじゃ》に祈《いの》ったところ、得《え》た一子《いっし》が吉《よし》継《つぐ》であるという。この伝承《でんしょう》は、『淡海温《おうみおん》故録《ころく》』に記録《きろく》されていた。

母《はは》である東殿《ひがしどの》は、北政所《きたのまんどころ》、あるいはその生母《せいぼ》・朝日殿《あさひどの》の親族《しんぞく》(従姉妹《いとこ》とも)と伝《つた》えられている。

豆知識《まめちしき》②

吉継《よしつぐ》の子孫《しそん》が生《い》き延《の》びていた!?

関ケ原《せきがはら》で壮絶《そうぜつ》な最期《さいご》を遂《と》げた大谷吉継《おおたによしつぐ》だが、その嫡男《ちゃくなん》（養嗣子《ようしし》とも）・大学助《だいがくのすけ》吉治《よしはる》（吉胤《よしたね》、吉勝《よしかつ》とも）もこの戦《たたか》いに加《くわ》わっていた。激戦《げきせん》を辛《から》くも生《い》き延《の》びた吉治《よしはる》は、敦賀《つるが》（現《げん》・福井県敦賀市《ふくいけんつるがし》）に落《お》ち、その後《ご》は牢人《ろうにん》として各地《かくち》を放浪《ほうろう》する。

慶長《けいちょう》十九（一六一四）年《ねん》、大坂《おおさか》の陣《じん》が迫《せま》ると、吉治《よしはる》は大坂城《おおさかじょう》に入城《にゅうじょう》。義兄弟《ぎきょうだい》である真田幸村《さなだゆきむら》（正《ただし》しくは信繁《のぶしげ》）の配下《はいか》で、百名《ひゃくめい》の部隊長《ぶたいちょう》として活躍《かつやく》したが、夏《なつ》の陣《じん》で越前北ノ庄《えちぜんきたのしょう》（のち福井《ふくい》）藩《はん》の松平《まつだいら》忠直軍《ただなおぐん》と戦《たたか》い、討死《うちじに》している。その子《こ》の吉之《よしゆき》は戦後《せんご》、帰農《きのう》したと伝《つた》えられてきた。

吉継《よしつぐ》・吉治《よしはる》の武勇《ぶゆう》に感銘《かんめい》した越前松平《えちぜんまつだいら》家《け》は、吉継《よしつぐ》の孫《まご》（吉継《よしつぐ》の三男《なん》・泰重《やすしげ》の子《こ》とされる）にあたる大谷重政《おおたにしげまさ》を召《め》し抱《かか》える。それを知《し》った老中《ろうじゅう》・土井利勝《どいとしかつ》は、「家康公《いえやすこう》がご存命《ぞんめい》で、この事《こと》を聞《き》かれたらさぞかし喜《よろこ》んだことであろう」と評《ひょう》した。越前福井藩《えちぜんふくいはん》の大谷家《おおたにけ》は家禄《かろく》千四百石《せんよんひゃくこく》の上士《じょうし》となり、幕末《ばくまつ》の大谷丹下《おおたにたんげ》は、福井藩《ふくいはん》の軍事奉行《ぐんじぶぎょう》をつとめている。

吉継《よしつぐ》の、女系《じょけい》の子孫《しそん》はどうだろうか。石田三成《いしだみつなり》と、幸村《ゆきむら》の父《ちち》・真田昌幸《さなだまさゆき》の妻《つま》は、ともに豊臣秀吉《とよとみひでよし》の直臣《じきしん》・宇多頼忠《うだよりただ》の娘《むすめ》であったとの説《せつ》があった（否定説《ひていせつ》も少《すく》なくない）。この説《せつ》によれば、両者《りょうしゃ》は相《あい》婿《むこ》の関係《かんけい》となる。

そして幸村《ゆきむら》が、大坂城《おおさかじょう》で秀吉《ひでよし》の人質《ひとじち》であったころに迎《むか》えた正室《せいしつ》こそ、吉継《よしつぐ》の娘《むすめ》・竹林院《ちくりんいん》であった。三成《みつなり》と吉継《よしつぐ》のラインは、真田父子《さなだふし》、とりわけ昌幸《まさゆき》―幸村《ゆきむら》父子《ふし》とは強《つよ》く結《むす》ばれていたことになる。

吉継《よしつぐ》の娘《むすめ》・竹林院《ちくりんいん》は関ケ原《せきがはら》の敗戦後《はいせんご》、夫《おっと》の幸村《ゆきむら》と共《とも》に九度山《くどやま》に配流《はいる》され、大坂《おおさか》の陣《じん》で幸村《ゆきむら》が戦死《せんし》すると、石川貞清《いしかわさだきよ》（重正《しげまさ》とも）に嫁《とつ》いだ娘《むすめ》・おかね夫妻《ふさい》の援助《えんじょ》を受《う》けて、京都《きょうと》で余生《よせい》を送《おく》っている。慶安《けいあん》二（一六四九）年《ねん》に死去《しきょ》したという。

竹林院《ちくりんいん》は幸村《ゆきむら》との間《あいだ》に、嫡男大助《ちゃくなんだいすけ》（幸昌《ゆきまさ》）、次男大八《じなんだいはち》を含《ふく》む二男《なん》三女《じょ》（異説《いせつ》あり）をもうけたが、このうち幕末《ばくまつ》までつづいたとされるのは、次男大八《じなんだいはち》の系統《けいとう》のみ。大坂《おおさか》の陣後《じんご》、大八《だいはち》はひそかに生《い》き延《の》びて仙台藩主《せんだいはんしゅ》・伊達政宗《だてまさむね》の重臣《じゅうしん》である片倉重長《かたくらしげなが》に匿《かくま》われ、片倉守信《かたくらもりのぶ》を名乗《なの》った。これを仙台真田家《せんだいさなだけ》という。

吉継《よしつぐ》の子孫《しそん》は数奇《すうき》な運命《うんめい》をへて、その血脈《けつみゃく》を残《のこ》したといえよう。

豆知識《まめちしき》③

吉継《よしつぐ》が愛《あい》した三振《さんふり》の刀《かたな》

大谷吉継《おおたによしつぐ》が所有《しょゆう》していたとされる刀《かたな》には、「敦賀正宗《つるがまさむね》」「庖丁藤四郎《ほうちょうとうしろう》」「釣鐘切国行《つりがねぎりくにゆき》」の三振《さんふり》があった。

「敦賀正宗《つるがまさむね》」は、鎌倉末期《かまくらまっき》の相模国鎌倉《さがみのくにかまくら》（現《げん》・神奈川県鎌倉市《かながわけんかまくらし》）の刀工《とうこう》・相州正宗《そうしゅうまさむね》の作《さく》とされている。八代将軍《だいしょうぐん》・徳川吉宗《とくがわよしむね》の命《めい》で編纂《へんさん》された、名刀《めいとう》リストである『享保名物帳《きょうほうめいぶつちょう》』には、次《つぎ》の記載《きさい》がある。

「敦賀正宗《つるがまさむね》　磨上長《すりあげちょう》二尺《しゃく》三寸《ずん》三分《ぶ》（約《やく》七十センチ）　代《しろ》七千貫《せんがん》　松平薩摩守殿《まつだいらさつまのかみどの》　昔敦賀《むかしつるが》を領《りょう》す大谷形部所持《おおたにぎょうぶしょじ》、是《これ》は関ヶ原《せきがはら》時分《じぶん》なり、其以後《それいご》は敦賀《つるが》は家康公御領《いえやすこうごりょう》也《なり》」——吉継《よしつぐ》の戦死後《せんしご》、敦賀領主《つるがりょうしゅ》となった家康《いえやす》の息子《むすこ》・結城秀康《ゆうきひでやす》の手《て》に渡《わた》った「敦賀正宗《つるがまさむね》」は、その嫡孫《ちゃくそん》・松平光長《まつだいらみつなが》（越後高田藩《えちごたかだはん》を継《つ》ぐ）が「越後騒動《えちごそうどう》」を起《お》こし、この時《とき》、手放《てばな》している。

元禄《げんろく》十五（一七〇二）年《ねん》、薩摩藩《さつまはん》三代《だい》藩主《はんしゅ》の島津綱貴《しまづつなたか》が、この「敦賀正宗《つるがまさむね》」を買《か》い上《あ》げ、以後《いご》、昭和《しょうわ》三（一九二八）年《ねん》五月《がつ》まで島津家《しまづけ》が所有《しょゆう》していた。オークションに出品《しゅっぴん》され、三千《ぜん》六百円《びゃくえん》（現在《げんざい》のおよそ千《せん》四百《ひゃく》四十万円《まんえん》）で落札《らくさつ》されたが、その後《ご》の行方《ゆくえ》はわかっていない。

「庖丁藤四郎《ほうちょうとうしろう》」は、七寸《すん》二分《ぶ》（約《やく》二十二センチ）の短刀《たんとう》。「鬼《おに》と化《か》した楠木正成《くすのきまさしげ》を斬《き》った」との来歴《らいれき》があり、足利将軍家《あしかがしょうぐんけ》を経《へ》て、吉継《よしつぐ》の愛刀《あいとう》となった。関ヶ原《せきがはら》の戦勝《せんしょう》で、徳川将軍家《とくがわしょうぐんけ》へ。家康《いえやす》の形見分《かたちみわ》けで、尾張徳川家《おわりとくがわけ》に贈《おく》られた。現在《げんざい》、愛知《あいち》県名古屋市《けんなごやし》の徳川美術館《とくがわびじゅつかん》が所有《しょゆう》している。

「釣鐘切国行《つりがねぎりくにゆき》」は、本圀寺《ほんこくじ》（現《げん》・京都府《きょうとふ》京都市山科区《きょうとしやましなく》）から豊臣秀吉《とよとみひでよし》に献上《けんじょう》され、秀吉《ひでよし》の形見分《かたちみわ》けで、吉継《よしつぐ》に贈《おく》られた。

吉継《よしつぐ》の死後《しご》、伊予宇和島藩《いようわじまはん》の伊達家《だてけ》に伝来《でんらい》。大正《たいしょう》十三（一九二四）年《ねん》六月《がつ》に売《う》りに出《だ》され、医師《いし》で愛刀家《あいとうか》の小此木信六郎《おこのぎしんろくろう》が入手《にゅうしゅ》した。

ちなみに、吉継《よしつぐ》の盟友《めいゆう》・石田三成《いしだみつなり》も「石田正宗《いしだまさむね》」を宇喜多秀家《うきたひでいえ》から贈《おく》られ、所有《しょゆう》していた。この刀《かたな》は、三成蟄居《みつなりちっきょ》のおり、佐和山《さわやま》（現《げん》・滋賀県彦根市《しがけんひこねし》）まで護《ご》衛《えい》してくれた結城秀康《ゆうきひでやす》に授《さず》けられている。

つまり秀康《ひでやす》は、吉継《よしつぐ》と三成《みつなり》の正宗《まさむね》をあわせて二振《ふたふり》、所有《しょゆう》していたわけだ。

越前松平家《えちぜんまつだいらけ》の家祖《かそ》となる秀康《ひでやす》が、吉継《よしつぐ》の愛刀《あいとう》を持《も》ち、その家《いえ》が吉継《よしつぐ》の子孫《しそん》を召《め》し抱《かか》えていることを考《かんが》えれば、大谷家《おおたにけ》と越《えち》前松平家《ぜんまつだいらけ》の、不思議《ふしぎ》な縁《えにし》が感《かん》じられる。

年表《ねんぴょう》

永禄《えいろく》二（１５５９）年《ねん》

この年《とし》、大谷吉継《おおたによしつぐ》、近江国《おうみのくに》（現《げん》・滋賀県《しがけん》）に生《う》まれたという。別《べつ》の有力《ゆうりょく》な説《せつ》では、永禄《えいろく》八（１５６５）年《ねん》の生《う》まれとも。実際《じっさい》には生年《せいねん》、生地《せいち》や父《ちち》も不詳《ふしょう》で、近江国《おうみのくに》伊香《いか》郡大谷《ぐんおおたに》（正《ただ》しくは小谷《おおたに》、のち一時《いちじ》、大田谷《おおたに》と表記《ひょうき》）村《むら》（現《げん》・滋賀県長浜市《しがけんながはまし》）に、大谷庄作《おおたにしょうさく》の子《こ》として生《う》まれたとも、あるいは、近江国《おうみのくに》の国衆《くにしゅう》・大谷吉房《おおたによしふさ》の子《こ》であったとの伝承《でんしょう》もある一方《いっぽう》、青蓮院門跡《しょうれんいんもんぜき》（現《げん》・京都府京都市東《きょうとふきょうとしひがし》山区粟田口三条坊町《やまくあわたぐちさんじょうぼうちょう》）の坊官《ぼうかん》・大谷泰珍《おおたにたいちん》の子《こ》との説《せつ》もある。母《はは》の東殿《ひがしどの》は羽柴《はしば》（のち豊臣《とよとみ》）秀吉《ひでよし》の正室《せいしつ》・北政所《きたのまんどころ》の侍女《じじょ》。幼名《ようみょう》を慶松《けいまつ》（桂松《けいまつ》）と称《しょう》した。ほかに、紀之介《きのすけ》という通称《つうしょう》もある。

天正《てんしょう》二（１５７４）年《ねん》

この年《とし》、秀吉《ひでよし》、近江国今浜《おうみのくにいまはま》（現《げん》・滋賀県長浜市《しがけんながはまし》）に城《しろ》を築《きず》きはじめる（翌天正三《よくてんしょう》〈１５７５〉年《ねん》、城《しろ》の完成《かんせい》にあわせて今浜《いまはま》を「長浜《ながはま》」と改《あらた》める）。この頃《ころ》、大谷慶松《おおたにけいまつ》と石田佐吉《いしださきち》（のち三成《みつなり》）が、秀吉《ひでよし》に仕官《しかん》したと思《おも》われる。このの ち、慶松《けいまつ》、通称《つうしょう》を平馬《へいま》と改《あらた》めたという（ただし紀《き》之介《のすけ》も併行《へいこう》して使《つか》いつづけた）。また秀吉《ひでよし》の「吉《きち》」の字《じ》を賜《たまわ》って諱《いみな》を吉継《よしつぐ》とした（時期《じき》は定《さだ》かでない）。

天正《てんしょう》五（1577）年《ねん》

この年《とし》、吉継《よしつぐ》、『武功夜話《ぶこうやわ》』「播州発向《ばんしゅうはっこう》の陣立《じんだ》て覚《おぼ》えの事《こと》」によれば、秀吉《ひでよし》による播磨国《はりまのくに》（現《げん》・兵庫県南西部《ひょうごけんなんせいぶ》）攻《ぜ》めに従軍《じゅうぐん》し、同国上月城《どうこくこうづきじょう》（現《げん》・兵庫県佐用郡佐用町《ひょうごけんさようぐんさようちょう》）の攻囲戦《こういせん》にも参加《さんか》したという。

天正《てんしょう》六（1578）年《ねん》十月《がつ》、吉継《よしつぐ》、秀吉《ひでよし》の播磨三木城《はりまみきじょう》（現《げん》・兵庫県三木市上《ひょうごけんみきしうえ》の丸町《まるちょう》）攻《ぜ》めの従軍先《じゅうぐんさき》で、平井山《ひらいやま》（現《げん》・兵庫県三木市平《ひょうごけんみきしひら》井《い》）の観月《かんげつ》の宴《うたげ》に参加《さんか》する。

この年《とし》、吉継《よしつぐ》、織田信長《おだのぶなが》から美作国《みまさかのくに》（現《げん》・岡山県北東《おかやまけんほくとう》部《ぶ》）の国衆《くにしゅう》・草刈景継《くさかりかげつぐ》にあてた朱印状《しゅいんじょう》を携《たずさ》えて美作国《みまさかのくに》に入《はい》るが、毛利兵《もうりへい》に捕《と》らえられて朱印状《しゅいんじょう》を奪《うば》われる。

天正《てんしょう》十（1582）年《ねん》三月《がつ》、吉継《よしつぐ》、秀吉《ひでよし》による備中国《びっちゅうのくに》（現《げん》・岡山県西部《おかやまけんせいぶ》）の攻略《こうりゃく》に従軍《じゅうぐん》。

五月《がつ》、吉継《よしつぐ》、秀吉《ひでよし》による備中高松城《びっちゅうたかまつじょう》（現《げん》・岡山県岡山《おかやまけんおかやま》市北区《しきたく》）の攻略《こうりゃく》に参加《さんか》。

六月二日《がつふつか》、京都本能寺《きょうとほんのうじ》にて、信長《のぶなが》が明智光秀《あけちみつひで》の謀叛《むほん》により自害《じがい》。享年《きょうねん》、四十九。

天正《てんしょう》十一（1583）年《ねん》

六月《がつ》十三日《にち》、秀吉《ひでよし》、山崎《やまざき》の合戦《かっせん》で光秀《みつひで》を破《やぶ》る。

四月《がつ》、吉継《よしつぐ》、秀吉《ひでよし》による美濃国岐阜城《みののくにぎふじょう》（現《げん》・岐阜県岐阜市《ぎふけんぎふし》）の攻略《こうりゃく》に従軍《じゅうぐん》していたが、柴田勝家《しばたかついえ》の近江進軍《おうみしんぐん》を聞《き》き、秀吉《ひでよし》とともに近江国《おうみのくに》へとって返《かえ》す。

同月《どうげつ》二十一日《にち》、吉継《よしつぐ》、賤ケ岳《しずがたけ》の戦《たたか》いにおいて、石田三成《いしだみつなり》と共《とも》に、〝七本槍《しちほんやり》〟に次《つ》ぐ活躍《かつやく》をする。

四月《がつ》二十四日《にじゅうよっか》、越前国北ノ庄城《えちぜんのくにきたのしょうじょう》（現《げん》・福井県福井市《ふくいけんふくいし》）が落城《らくじょう》、柴田勝家《しばたかついえ》が自刃《じじん》。享年《きょうねん》、六十二と伝《つた》わる。

天正《てんしょう》十三（1585）年《ねん》

三月《がつ》、吉継《よしつぐ》、根来寺合戦《ねごろじかっせん》に従軍《じゅうぐん》。

七月《がつ》、秀吉《ひでよし》の関白就任《かんぱくしゅうにん》に伴《ともな》い、吉継《よしつぐ》も諸大夫《しょたいふ》十二人《にん》の一人《ひとり》として、刑部少輔《ぎょうぶしょうゆう》（刑部少輔《ぎょうぶのしょう》とも読《よ》む）に任《にん》じられる。以後《いご》、通称《つうしょう》を「刑部《ぎょうぶ》」と称《しょう》する。

九月《がつ》、吉継《よしつぐ》、秀吉《ひでよし》の有馬温泉《ありまおんせん》（現《げん》・兵庫県神戸市北区《ひょうごけんこうべしきたく》有馬町《ありまちょう》）での湯治《とうじ》に随行《ずいこう》。

天正《てんしょう》十四（1586）年《ねん》

二月《がつ》、大坂周辺《おおさかしゅうへん》に「千人斬《せんにんぎ》り」出没《しゅつぼつ》。吉継《よしつぐ》の仕業《しわざ》と噂《うわさ》されるが、のちに真犯人《しんはんにん》が捕《とら》えられて嫌疑《けんぎ》がはれる。

六月《がつ》、吉継《よしつぐ》、堺奉行《さかいぶぎょう》に就任《しゅうにん》した三成《みつなり》の補佐《ほさ》につく。

天正《てんしょう》十五（1587）年《ねん》

三月一日《がっついたち》、吉継《よしつぐ》、秀吉《ひでよし》の九州征討従軍《きゅうしゅうせいとうじゅうぐん》のため、大坂城《おおさかじょう》を進発《しんぱつ》。

同月《どうげつ》十八日《にち》、吉継《よしつぐ》、秀吉《ひでよし》と共《とも》に厳島神社《いつくしまじんじゃ》（現《げん》・広島県《ひろしまけん》廿日市市《はつかいちし》）へ参詣《さんけい》。

天正《てんしょう》十六（1588）年《ねん》

四月十四日《がつじゅうよっか》、後陽成天皇《ごようぜいてんのう》（第《だい》百七代《だい》）、秀吉《ひでよし》の聚楽第《じゅらくてい》（じゅらくだい、とも）に行幸《ぎょうこう》。吉継《よしつぐ》も供奉《ぐぶ》。

天正《てんしょう》十七（1589）年《ねん》

十一月《がつ》はじめ、吉継《よしつぐ》、秀吉《ひでよし》の使者《ししゃ》として徳川家康《とくがわいえやす》の許《もと》に赴《おもむ》き、相模国《さがみのくに》小田原城《おだわらじょう》（現《げん》・神奈川県《かながわけん》小田原市《おだわらし》）の北条氏政《ほうじょううじまさ》・氏直《うじなお》父子《ふし》を征討《せいとう》することの了承《りょうしょう》を求《もと》める。

この年《とし》、吉継《よしつぐ》、堺奉行《さかいぶぎょう》に就任《しゅうにん》（一年間《ねんかん》）。

同年《どうねん》、吉継《よしつぐ》、蜂屋頼隆《はちやよりたか》の病死《びょうし》に伴《ともな》い、越前国敦賀《えちぜんのくにつるが》（現《げん》・福井県敦賀市《ふくいけんつるがし》）に五万七千石《ごく》を知行《ちぎょう》する。

天正《てんしょう》十八（1590）年《ねん》

三月一日《がっついたち》、吉継《よしつぐ》、秀吉《ひでよし》の小田原征討《おだわらせいとう》に従軍《じゅうぐん》して京都《きょうと》を出陣《しゅつじん》。

五月《がつ》三十日《にち》、吉継《よしつぐ》・三成《みつなり》・長束正家《なつかまさいえ》ら、北条方《ほうじょうがた》の上野国《こうずけのくに》館林城《たてばやしじょう》（現《げん》・群馬県館林市《ぐんまけんたてばやしし》）を陥落《かんらく》させる。

天正《てんしょう》十九（1591）年《ねん》

六月四日《がつよっか》、吉継《よしつぐ》ら、武蔵国忍城《むさしのくにおしじょう》（現《げん》・埼玉県行田市《さいたまけんぎょうだし》）の攻略《こうりゃく》に向《む》かう。
七月五日《がついつか》、小田原城《おだわらじょう》が開城《かいじょう》。
同月《どうげつ》十一日《にち》（十六日《にち》とも）、忍城《おしじょう》が開城《かいじょう》。
同月《どうげつ》十七日《にち》、吉継《よしつぐ》、秀吉《ひでよし》の会津侵攻《あいづしんこう》に、軍監《ぐんかん》として従軍《じゅうぐん》。
八月一日《がつついたち》、秀吉《ひでよし》、吉継《よしつぐ》と上杉景勝《うえすぎかげかつ》に、出羽国《でわのくに》の検地《けんち》を命《めい》じる。
十月《がつ》、吉継《よしつぐ》、出羽国仙北《でわのくにせんぼく》（現《げん》・秋田県東部《あきたけんとうぶ》）で起《お》こった一揆《いっき》を、景勝《かげかつ》とともに鎮圧《ちんあつ》。

天正《てんしょう》二十（1592）年《ねん》
※十二月八日《がつようか》に文禄《ぶんろく》へ改元《かいげん》

六月《がつ》、吉継《よしつぐ》、九戸《くのへ》の乱《らん》の鎮圧《ちんあつ》に出陣《しゅつじん》。
九月四日《がつよっか》、陸奥国九戸城《むつのくにくのへじょう》（現《げん》・岩手県二戸市《いわてけんにのへし》）が落城《らくじょう》。

正月《しょうがつ》、秀吉《ひでよし》、諸大名《しょだいみょう》に朝鮮出兵《ちょうせんしゅっぺい》を命《めい》じる（文禄《ぶんろく》の役《えき》）。
二月二十日《がつはつか》、吉継《よしつぐ》、敦賀兵《つるがへい》千二百人《せんにひゃくにん》を率《ひき》いて京都《きょうと》を進発《しんぱつ》、肥前国名護屋城《ひぜんのくになごやじょう》（現《げん》・佐賀県唐津市《さがけんからつし》）へ向《む》かう。
六月《がつ》三十日《にち》、吉継《よしつぐ》、奉行《ぶぎょう》（軍監《ぐんかん》）として朝鮮《ちょうせん》へ渡海《とかい》。
七月《がつ》十六日《にち》、吉継《よしつぐ》、漢城《かんじょう》（現《げん》・ソウル）に到着《とうちゃく》。
八月十日《がつとおか》、吉継《よしつぐ》、諸大名《しょだいみょう》を集《あつ》めて作戦会議《さくせんかいぎ》を開《ひら》く。

文禄《ぶんろく》二（1593）年《ねん》

正月《しょうがつ》五日《いつか》、吉継《よしつぐ》、三成《みつなり》とともに碧蹄館《へきていかん》の戦《たたか》いに参戦《さんせん》。
五月七日《がつなのか》、吉継《よしつぐ》、三成《みつなり》・小西行長《こにしゆきなが》らと、明国《みんこく》の講和使《こうわし》節《せつ》を伴《ともな》って帰国《きこく》。
同月《どうげつ》十五日《にち》、秀吉《ひでよし》、肥前名護屋城《ひぜんなごやじょう》で、明国《みんこく》との和睦交《わぼくこう》渉開始《しょうかいし》。
六月《がつ》二十八日《にち》、秀吉《ひでよし》、和議七ヶ条《わぎしちかじょう》を明使《みんし》に提示《ていじ》。吉継《よしつぐ》らが副書《そえがき》に署名《しょめい》する。

文禄《ぶんろく》三（1594）年《ねん》

正月《しょうがつ》、秀吉《ひでよし》、山城国伏見《やましろのくにふしみ》（現《げん》・京都府京都市伏見区《きょうとふきょうとしふしみく》）に築城開始《ちくじょうかいし》。吉継《よしつぐ》も普請《ふしん》を分担《ぶんたん》。
十月《がつ》、吉継《よしつぐ》、直江兼続宛書状《なおえかねつぐあてしょじょう》で、目《め》が見《み》えないため花押《かおう》が押《お》せない旨《むね》を記《しる》す。

文禄《ぶんろく》五（1596）年《ねん》

※十月《がつ》二十七日《にち》に慶長《けいちょう》へ改元《かいげん》

閏《うるう》七月《がつ》十三日《にち》、畿内《きない》に大地震《おおじしん》が発生《はっせい》（慶長大地震《けいちょうおおじしん》）。
九月二日《がつふつか》、明《みん》との和睦交渉決裂《わぼくこうしょうけつれつ》。

慶長《けいちょう》二（1597）年《ねん》

二月《がつ》、秀吉《ひでよし》による慶長《けいちょう》の役《えき》はじまる。
九月二十四日《がつにじゅうよっか》、秀吉《ひでよし》と家康《いえやす》、吉継《よしつぐ》の伏見邸《ふしみてい》を訪問《ほうもん》。

慶長《けいちょう》三（1598）年《ねん》

三月《がつ》十五日《にち》、秀吉《ひでよし》、醍醐《だいご》の花見《はなみ》を催《もよお》す。吉継《よしつぐ》は欠席《けっせき》。
八月《がつ》十八日《にち》、秀吉《ひでよし》死去《しきょ》。享年《きょうねん》、六十二（異説《いせつ》あり）。

慶長《けいちょう》四（1599）年《ねん》

正月《しょうがつ》、家康《いえやす》暗殺《あんさつ》の謀議《ぼうぎ》が行《おこな》われ、吉継《よしつぐ》は家康《いえやす》を擁護《ようご》したとされる。
閏《うるう》三月三日《がつみっか》、前田利家《まえだとしいえ》、大坂城《おおさかじょう》にて死去《しきょ》。享年《きょうねん》、六十二。
同月四日《どうげつよっか》、加藤清正《かとうきよまさ》ら七将《しちしょう》が三成《みつなり》を襲撃《しゅうげき》し、三成《みつなり》、家康邸《いえやすてい》に逃《に》げ込《こ》んで難《なん》を逃《のが》れたという。
同月《どうげつ》、三成《みつなり》、近江国佐和山城《おうみのくにさわやまじょう》（現《げん》・滋賀県彦根市《しがけんひこねし》）に蟄居《ちっきょ》。

慶長《けいちょう》五（1600）年《ねん》

五月三日《がつみっか》、家康《いえやす》、会津征討《あいづせいとう》を決定《けってい》する。
六月六日《がつむいか》、家康《いえやす》、大坂城《おおさかじょう》で諸大名《しょだいみょう》の部署割《ぶしょわ》りを行《おこな》う。吉継《よしつぐ》も軍議《ぐんぎ》に参加《さんか》。
同月《どうげつ》十六日《にち》、家康《いえやす》、大坂城《おおさかじょう》を進発《しんぱつ》。吉継《よしつぐ》、兵《へい》二千《せん》を率《ひき》いて敦賀《つるが》を進発《しんぱつ》。
七月初旬《がつしょじゅん》、吉継《よしつぐ》、美濃国垂井《みののくにたるい》（現《げん》・岐阜県不破郡垂井町《ぎふけんふわぐんたるいちょう》）から使者《ししゃ》を佐和山城《さわやまじょう》の三成《みつなり》に送《おく》り、三成《みつなり》の息子《むすこ》の会津征討参加《あいづせいとうさんか》を求《もと》める。が、逆《ぎゃく》に三成《みつなり》から佐和山城《さわやまじょう》に呼《よ》ばれ、挙兵《きょへい》の企《くわだ》てを打《う》ち明《あ》けられる。

同月《どうげつ》十一日《にち》、吉継《よしつぐ》・三成《みつなり》・安国寺恵瓊《あんこくじえけい》、佐和山城《さわやまじょう》で謀議《ぼうぎ》。毛利輝元《もうりてるもと》を大将《たいしょう》として、家康打倒《いえやすだとう》の兵《へい》を挙《あ》げることが決定《けってい》される。

同月十四日《どうげつじゅうよっか》、吉継《よしつぐ》、敦賀城《つるがじょう》に帰《かえ》って兵《へい》を集《あつ》める。

同月二十日《どうげつはつか》、三成方《みつなりがた》の西軍《せいぐん》、伏見城《ふしみじょう》を攻撃《こうげき》。

同月《どうげつ》二十五日《にち》、家康《いえやす》、下野国小山《しもつけのくにおやま》（現《げん》・栃木県小山市《とちぎけんおやまし》）で西軍挙兵《せいぐんきょへい》を諸将《しょしょう》に告《つ》げ、全軍《ぜんぐん》の西上《せいじょう》を命《めい》じる（小山評定《おやまひょうじょう》）。

九月一日《がつついたち》、家康《いえやす》、江戸城《えどじょう》（現《げん》・東京都千代田区《とうきょうとちよだく》）を出陣《しゅつじん》。

同月三日《どうげつみっか》、吉継《よしつぐ》、美濃国関ケ原《みののくにせきがはら》の西南《せいなん》、山中村《やまなかむら》（現《げん》・岐阜県不破郡関ケ原町山中《ぎふけんふわぐんせきがはらちょうやまなか》）に着陣《ちゃくじん》。

同月《どうげつ》十五日《にち》、朝《あさ》五時頃《じごろ》、西軍《せいぐん》の布陣《ふじん》が完了《かんりょう》。午前《ごぜん》八時《じ》、井伊直政《いいなおまさ》が宇喜多秀家隊《うきたひでいえたい》に突入《とつにゅう》、関ケ原《せきがはら》の合戦《かっせん》はじまる。吉継隊《よしつぐたい》は藤堂高虎《とうどうたかとら》・京極高知隊《きょうごくたかともたい》と交戦《こうせん》。正午《しょうご》過《す》ぎ、松尾山《まつおやま》の小早川秀秋隊《こばやかわひであきたい》、吉継隊《よしつぐたい》を攻撃《こうげき》。吉継隊《よしつぐたい》はこれを押《お》し返《かえ》すが、朽木元綱《くつきもとつな》ら諸隊《しょたい》の裏切《うらぎ》りにより崩壊《ほうかい》。吉継《よしつぐ》、家臣《かしん》の湯浅五助《ゆあさごすけ》の介錯《かいしゃく》により自刃《じじん》。享年《きょうねん》、四十二（別説《べっせつ》では、三十六）。

参考文献《さんこうぶんけん》

人物文庫　関ヶ原大戦　加来耕三著　学陽書房
加来耕三の戦国武将ここ一番の決断　加来耕三著　滋慶出版／つちや書店
現代語訳武功夜話〈信長編〉　加来耕三編　新人物往来社
現代語訳武功夜話〈秀吉編〉　加来耕三編　新人物往来社
手にとるように戦国時代がわかる本　加来耕三監修　岸祐二著　かんき出版
シリーズ〈実像に迫る〉　大谷吉継　外岡慎一郎著　戎光祥出版
敦賀市立博物館紀要第30号掲載「大谷吉継年譜と若干の考察」外岡慎一郎著　敦賀市立博物館
特別展「大谷吉継 人とことば」図録　敦賀市立博物館
特別展「大谷吉継と西軍の関ヶ原」図録　敦賀市立博物館
吉継カフェ記録集 大谷吉継を深く知る連続講座　敦賀市立博物館
特別展「近世敦賀の幕開け 吉継の治めた港町」図録　敦賀市立博物館

著者略歴

加来耕三：企画・構成・監修

歴史家・作家。1958年、大阪府大阪市生まれ。1981年、奈良大学文学部史学科卒業。主な著書に、『卑弥呼のサラダ 水戸黄門のラーメン』『徳川三代記』『ifの日本史「もしも」で見えてくる、歴史の可能性』『上杉謙信』『直江兼続』（すべてポプラ社）、『利休と戦国武将 十五人の「利休七哲」』（淡交社）、『歴史に学ぶ自己再生の理論』（論創社）、『1868 明治が始まった年への旅』（時事通信社）などがある。「コミック版日本の歴史シリーズ」（ポプラ社）の企画・構成・監修やテレビ・ラジオ番組の監修・出演も少なくない。

後藤ひろみ：原作

ふくい歴女の会会長。福井県立歴史博物館併設カフェ代表。福井県福井市生まれ。福井高専卒。開催に携わった2014年の歴史研究会全国大会をきっかけに、深く歴史に魅せられる。歴史を学ぶことで、誇りや自信をもって今の暮らしを充実させようと活動している。歴史研究会会員。主な作品に、『幕末・維新人物伝 松平春嶽』『幕末・維新人物伝 篤姫』（ポプラ社「コミック版日本の歴史シリーズ」原作）がある。

玉置一平：作画

漫画家・イラストレーター。1970年、大阪府大阪市生まれ。第39回小学館新人コミック大賞入選でデビュー。主な作品に、『BACKFLIP!』（講談社）、『源平天照絵巻 痣丸』（メディアファクトリー）、『ムカンノテイオー』（監修・取材協力：HTロクシス／スクウェア・エニックス）、『EZAKI』（原作：天獅子悦也／竹書房）、『空を泳ぐ女』（原作：倉科遼／小学館）。なお、「コミック版 日本の歴史」シリーズでは『戦国人物伝 今川義元』を手がけている。

コミック版 日本の歴史㊱

戦国人物伝
大谷吉継

2018年11月　第1刷
2023年12月　第8刷

企画・構成・監修　加《か》来《く》耕三《こうぞう》
原　　　　作　後藤《ごとう》ひろみ
作　　　　画　玉置《たまき》一平《いっぺい》

取 材 協 力　敦賀市立博物館
カバーデザイン　竹内亮輔＋梅田裕一〔crazy force〕

発 行 者　千葉 均
編　　　集　森田礼子
発 行 所　株式会社ポプラ社
〒102-8519　東京都千代田区麹町4-2-6
ホームページ　www.poplar.co.jp
印 刷 所　今井印刷株式会社
製 本 所　島田製本株式会社
電 植 製 版　株式会社オノ・エーワン

ISBN978-4-591-16017-6 N.D.C.289 127p 22cm　Printed in Japan

P7047066